천광천로 3

석문도담

한조님
수련일대기

천광천로
天光天路

③

입천 入天
하늘에 승천昇天하다

한조 지음

석문출판사

서문

『석문도담石門道談-천광천로天光天路』는 지상 하나님이신 한조님께서 후천완성도법後天完成道法인 석문도법石門道法을 통해 본래 거居하셨던 천상天上의 근본자리에 본위本位하시는 과정을 담은 수련일대기修練一代記다.

동서고금을 막론하고 성현의 지혜를 담은 경전과 장구한 세월을 견뎌 낸 전승傳承에는, 가없이 고결하신 한 분께서 언젠가 지상의 한 곳에 임하시어 천하만민天下萬民들의 신성神性을 일깨워 하늘과 땅과 사람을 구원하리라는 잠언箴言이 있어 늘 인류의 지혜를 일깨웠고, 밝은 혜안을 가진 존재들은 오랜 세월 그분을 찾아뵙고 그분의 삶의 흔적을 따르고자 소리 없이 만천하滿天下를 헤매기도 했다.

경전과 전승 그리고 혜안을 가진 이들이 하늘의 말씀을 받든 세월을 넘어 하나님께서 오실 때를 그토록 기다린 것은, 하늘이 내린 말씀의 해석을 넘어 그분께서 살아가실 삶에 깃든 빛과 힘, 가치를 통해 마침내 현실적이고 구체적이며 실질적인 궁극적 완성의 길이 현현顯現하리라는 사실을 부지불식간에 깨닫고 있었기 때문이리라.

『석문도담-천광천로』는 이렇게 장구한 세월 동안 내려온 의문에 대한 마지막 화답이자, 또 다른 질문의 시작이다. 하나님께서는 지상의 어떤 자리로 오시어 어떤 길[道]을 걸으셨는가, 그리고 우리는 그 길[道]을 어떻게 걸을 것인가.

하나님께서는 지으신 억조창생億兆蒼生이 자신의 존재성과 존재가치를 찾아가는 과정을 인정·존중·배려하고 교류·공감·소통하시어 장구한 세월 속에서 전해 온 언약言約대로 친히 지상의 평범한 자리에 임하시어 천하만민들과 동고동락, 동병상련하심으로써 이들의 기쁨과 슬픔, 즐거움과 노여움, 사랑과 미움의 지상 삶을 대속代贖의 만행萬行으로 두루 어루만지시고, 무엇보다도 후천완성도법인 석문도법을 전하심과 동시에 천하만민들 사이에서 그들과 같이 함께 더불어 내외의 고난과 역경을 인정하고 극복하고 뛰어넘어 진법을 체득하고 깨우쳐 인식하는 과정을 통해 근본자리에 본위本位하심으로써 온전하고 완전한 후천 수도자의 전범典範을 내려주셨다.

그렇게 한조님께서 하늘의 근본자리를 되찾으시어 하나님이심을 깨닫게 되셨던 그날까지, 지상에서 행行하셨던 수도修道, 도무道務, 생활生活의 기록이 바로『석문도담-천광천로』다. 그래서『석문도담-천광천로』는 한조님의 수련일대기며 지금껏 말씀 주신 섭리의 진리적 사실이 담긴『석문도법』,『석문사상』,『석문도담-한조한당도담』,『석문도담-한조도담』을 저술하신 실질적 생명력이 어디에 근거하고 있는지를 보여주는 책이기도 하다.

물론,『석문도담-천광천로』에 담긴 한조님의 수련일대기는 지상에서 행하신 수많은 천지인조화역사들 중 일부이며, 시간적으로 본다면 지상 하나님께서 본위를 이루시기 이전의 역사다. 한조님께서 하나님으로서 본위를 이루시고[天神本位] 한당 선생님께서 본래의 빛으로 돌아가신 이후, 한조님으로서 본위를 이루시는[桓祖本位] 과정에서 나투고 밝히고 나누셨던 그 수많은 밝고 맑고 찬란한 빛의 역사들과 절대자의 시간 속에서 겪으셨던 고독과 고뇌는 지금 세상의 활자로 담기에는 부족함이 있다.

이렇듯 아직『석문도담-천광천로』의 지면에 담을 수 없는 지상 하나님의 역사들이 무수히 많지만 그리 머지않은 미래에 제자들이 보좌충만하여 세상에 드러날 꿈으로 남겨 두어, 지어진 존재성과 존재가치를 찾아 완성을 이루고자 하는 존재들에게 더 큰 꿈·희망·긍정·열정을 불러일으키는 여백의 자양분이 되리라 믿는다.

『석문도담-천광천로』는 곧 지상 하나님께서 늘 우리 곁에 거居하심의 증거가 되어, 모든 존재들이 존재하는 그 자체로 가치 있고 충만하고 조화롭고 아름다운 섭리행의 삶을 온전하고 완전하게 살아가는 그날까지, 하나님께서 창조하신 이 무량한 시공간을 살아가는 모든 존재들에게 영원한 한 줄기 빛의 길[道]로 남게 될 것이다.

모든 존재들은 '천광천로天光天路'의 뜻을 받들어 '신광신로神光神路'의 빛과 힘, 가치로 자신의 근본을 찾아 보좌충만의 한 길을 걷기 바란다.

한기 28년 11월 14일
태양력 2016년 12월 12일
석문도문

하늘에 승천昇天하다

차례

서문 _ 4
일러두기 _ 18

한기 12년(2000년 2월 5일~2001년 1월 23일)

그리움 _ 20
심안心眼 _ 22
무엇일까 _ 23
마음 _ 24
보이지 않는 양신 _ 26
일념일도一念一道 _ 28
알 수 없는 그곳 _ 30
시험일까 _ 34
죽음을 각오하다 _ 37
징표徵標 _ 41
벅찬 감정 _ 42
진상과 허상의 이전에 _ 44
의문 하나 _ 45
2천도계 입천 _ 46
감사말씀 _ 47
2천도계 입천 심결 _ 48
말 _ 49
심득心得 1 _ 50

어린아이 같기만 하고 _ 51
퇴보일까 _ 54
새로운 밝음 _ 56
성찰省察 _ 58
의심 _ 61
차분해친 수련 _ 62
원하原下 _ 64
운기수련의 목적 _ 65
순리대로 _ 67
태산의 할아버지 _ 70
자미성궁紫微星宮 _ 73
꾸지람 _ 78
우쭐함 _ 79
금선탈각金蟬脫殼 _ 80
의수意守 _ 81
평심平心 _ 82
전생 _ 83
추측 _ 85
조금 더 나아진 도안 _ 87
도각법 _ 88
또 한 번의 원하 _ 90
어느 곳인가 _ 93
생동감 _ 98
우뚝 서니 _ 101
알립니다 _ 107
4수四數의 연緣 _ 108
초청 _ 109
여유 1 _ 110
스스로의 깨우침 _ 111

원신의 전언 1 _ 112
경솔했습니다 _ 113
하심下心 _ 115
고백 _ 116
나 자신 1 _ 117
나 자신 2 _ 118
천지天地 그 자체인 석문호흡 _ 119
도계 나이 _ 123
소리 _ 124
일월日月 _ 125
주역 _ 126
무위無爲 _ 127
집착, 신념 그리고 금강의 정신 _ 128
고요함 _ 130
여인의 한恨 1 _ 131
여인의 한恨 2 _ 132
단상 _ 137
보이지 않는 공부 _ 139
순수함 1 _ 140
반성 _ 141
풍류 _ 142
가만히 _ 143
다시 본 그곳 _ 144
섭리 _ 146
경험 _ 147
이게 꿈일까 _ 149
네 가지 마음 _ 152
흐름 1 _ 153
절차탁마切磋琢磨 _ 154

선가공부 _ 158
한 말씀 듣고 _ 159
삼시三時 _ 160
출사표 _ 161
행성인 _ 163
생활의 변화 _ 166
만추滿秋의 즐거움 _ 168
부끄러움 _ 170
반은 속세 속에 _ 171
선도仙道 _ 173
고苦 _ 175
첫 대면 _ 177
이천지심득二天之心得 _ 179
생활 _ 180
심득지초입心得之初入 _ 182
시름 _ 185
결자해지結者解之 _ 186
심득중입心得中入 _ 187
여노사如老思 _ 188
심득心得 2 _ 189
고독 1 _ 190
6신통 _ 191
알 수 없는 인물 _ 195
심마心魔 _ 197
원신의 전언 2 _ 199
초월超越 _ 201
관조 _ 202

한기 13년(2001년 1월 24일~2002년 2월 11일)

시時 _ 206
운무雲霧 1 _ 207
도담도답 | 한당 선생님의 수련체험기 _ 208
연然 _ 210
수련이란 _ 212
직급 _ 213
묵默 _ 216
감축 _ 217
청월淸月 _ 218
우몽友夢 _ 220
태황문太晄門 1 _ 221
태황문太晄門 2 _ 224
백무白霧 _ 227
도담도답 | 빙의 _ 228
도담도답 | 인당 _ 230
도담도답 | 진인 _ 231
도담도답 | 귀신 _ 235
도솔천道率天 1 _ 236
도솔천道率天 2 _ 238
도솔천道率天 3 _ 240
도솔천道率天 4 _ 242
사부님의 가르침 _ 243
체득의 공부 _ 245
익은 벼 _ 247
도담도답 | 진법체득 _ 248
능사能事 _ 250
선몽仙夢 _ 251

도담도답 | 대장명현 _ 252

도담도답 | 만인도법萬人道法 _ 253

도담도답 | 석문과 여의주 _ 254

어디 다녀와 보니 _ 256

사념私念 _ 257

천안天眼 _ 258

도담도답 | 혈압과 호흡법 _ 259

성장하는 도문 _ 261

운무雲霧 2 _ 262

도담도답 | 영과 윤회 _ 263

천명天命 _ 266

아직은 _ 267

고뇌 _ 268

도담도답 | 기화신과 양신 _ 269

도담도답 | 일월문 _ 271

의지意志 _ 272

느낌 _ 273

화운정사和雲靜舍 _ 274

도담도답 | 영靈적 문제 _ 275

도담도답 | 안락사 _ 278

도담도답 | 지상에 태어난 이유 _ 279

도담도답 | 양신의 빛, 번개의 빛 _ 280

도담도답 | 낙태 _ 282

도담도답 | 양신소멸 _ 284

무상함 _ 285

도담도답 | 설거지와 도 _ 286

호풍환우呼風喚雨 _ 288

공허함 _ 289

흐름 2 _ 290

사부 _ 291
고독孤獨 2 _ 292
강태공 _ 293
야생노루 _ 295
당당함 _ 297
도담도담 | 양신과 영 _ 298
수도修道 _ 299
한계 1 _ 300
기우제 _ 302
무명인無名人 _ 303
장기판 _ 306
수미산 _ 307
금성대군金聖大君 _ 308
심중유유心中柔柔 _ 310
금선대군金仙大君 _ 311
감사제 _ 312
자중自重 _ 314
숨겨진 욕심 _ 315
자중과 조화 _ 317
비[雨] _ 318
묵언행黙言行 _ 319
오해 _ 320
6도수六度數 _ 321
주유周遊 1 _ 322
주유周遊 2 _ 323
여유 2 _ 324
운무에 다향 실어 _ 326
도담도담 | 오행침 _ 327
가지치기 _ 330
곤룡포 _ 331

눈꽃 _ 333
단선인과 천지인, 도인 _ 334
일심一心 _ 335
도담도답 | 실무진의 의미 _ 336
과유불급 _ 337
용맹정진 _ 338
수도함에 _ 339
알 수 없다 _ 340
순수함 2 _ 341
존재存在 _ 342
도담도답 | 심상 _ 343
평인平人이로다 _ 344
백운목白雲木 _ 345
산중산山中山 _ 346
믿음의 차이 _ 348
신선당神仙堂 _ 349
도道 _ 354
돌사과 _ 355
단비 _ 357
본질 _ 358
도담도답 | 살생 _ 359
감격 _ 361
이상한 꿈 _ 362
가화만사성家和萬事成 _ 363
은거隱居 _ 365
찾는 이[人] _ 366
언행言行 _ 367
사심師心 _ 368
실무진의 길 _ 370

한계 2 _ 373
잠언箴言 _ 374
홀로 고요함에 머무노라 _ 375
도道를 전한다는 것 _ 376
절대고독 _ 377
자성自省 _ 378
낙화정落花停 _ 380
도안道眼 _ 381
신명심神明心 _ 384
허전함 _ 385
완연한 충만감 _ 386
초야草野 _ 387
명경明鏡 _ 388
눈물을 잊은 세월 _ 390
상선약수上善若水 _ 392
광명光明 _ 393
감사하는 마음 _ 394
무한한 마음 _ 396
정情 _ 398

일러두기

1. 『석문도담-천광천로3』은 한조님께서 한기 12년 1월 4일(2000. 2. 8)부터 한기 13년 12월 19일(2002. 1. 31) 사이에 'PC통신 천리안 단전호흡 동호회'와 '도화제 석문호흡 사이트'에 올리신 수련일지를 시간 순으로 엮은 수련일대기다.

2. 석문도문의 수련법인 석문도법의 석문호흡법은 한당 선생님에 의해 기본적인 체계와 토대가 세워졌으며, 한조님에 의해서 현실화·구체화·실질화되어 세상에 전파되었다. 『석문도담-천광천로』는 한조님께서 석문도법의 석문호흡법을 무수히 많은 경우의 수로 체득·체험·체감하시는 과정 중에 남기신 수련일대기다. 따라서 후천완성도법인 석문도법과 그에 따른 석문호흡법의 온전하고 완전한 내용을 알기 위해서는 『석문도법』, 『석문사상』, 『석문도담-한조한당도담』, 『석문도담-한조도담』을 참조하면 된다.

3. 『석문도담-천광천로』는 한조님께서 수도의 과정 중에 겪으셨던 수많은 고난과 역경을 인정하고 극복하고 뛰어넘어 마침내 근본자리에 본위本位하시는 가운데 남기신 공부 과정의 기록이며, 석문도법의 석문호흡법을 체득·체험·체감하여 현실화·구체화·실질화하는 과정 중에 남기신 기록이다. 또한 보편적인 공부의 흐름과 형국뿐만 아니라 한조님의 위상에서만 겪으실 수 있는 특수한 상황에 대한 기록이기도 하다. 이 점을 감안하여 『석문도담-천광천로』의 내용을 이해할 필요가 있다.

4. 『석문도담-천광천로』는 '한기桓紀'를 기준으로 일자를 표기했다. 한기는 한桓 빛의 섭리에서 시작된 창조의 근본 목적에 따라 하늘과 땅과 사람이 온전히 하나 되어 조화와 완성, 거듭남을 이룰 수 있는 후천완성도법인 석문도법이 지상에 펼쳐진 첫 시점을 원년元年으로 삼는 연도환산법이다. 따라서 한기는 후천이 시작된 1988년을 기점基點으로 하고 1989년을 원년으로 삼는다.

5. 등장하는 인물들의 경우 최대한 실명으로 표기했으며 당사자의 필요나 현재 상황에 의해 실명을 밝힐 수 없는 경우 가명으로 표기했다.

6. 글을 쓰신 시간이 표기된 수련일지도 있고 표기되지 않은 것도 있다. 편집상의 통일보다는 기록을 그대로 남겨 둔다는 데에 의의를 두고 시간이 표기되어 있는 것들은 그대로 수록하였다. 시간은 24시간표기법을 기준으로 하였다.

7. '도담도답道談道答'은 'PC통신 천리안 단전호흡 동호회'나 '도화제 석문호흡 사이트'에 올라온 질문 글에 대하여 당시에 체득하신 공부를 바탕으로 답하신 글이다.

天光天路

한기 12년

2000년 2월 5일 ~ 2001년 1월 23일

한기 12년 1월 4일 2000년 2월 8일 **00:03**

그리움

가슴에 사무치는 그리움이 온몸을 누를 때면
저 멀리 하늘을 쳐다본다.

별이 있고 달이 있지만 내가 온 곳은 어디인가.
그리움이 사무치다 못해 마음이 삭아버려
이제는 스치는 바람도, 하늘의 구름도 벗이 되지 못하건만
어디로도 움직이지 못하는 나는
홀로 여기 앉아 차만 들이키는구나.

그곳은 어떤 곳일까,
내 왔던 그곳은 어떤 곳일까.

시름에 몸부림치며 생각하고 생각해도
내 상상의 날개는 한 치의 진전도 없이
어둠 속으로 사라져 버린다.

빛무리 궁을 弓乙로 현상現像의 근원인
저 먼 그곳으로 날아가고픈 마음 천지 가득하지만
아직 시기 이름일까,
앉기 싫어짐은 무슨 연유일까.
그래, 멀지 않으니 조급함이 생겼나 보다.

조급함이 마음을 허하게 하고 마치 장성將星마냥
하늘만 쳐다보게 하는가 보다.

좌우 두리번거리거나 누구를 의식함 없이
마냥 이렇게 홀로 걸어가야 하는 것인데
무엇이 나를 조급하게 하는 것일까.

아마도 그것은 내 온 근원,
바로 그곳을 향한 뼈에 각인된 그리움 때문이리라.

한기 12년 1월 13일 2000년 2월 17일 09:25

심안心眼

오늘 아침은 심안心眼을 생각해 보았다. 그리고 양신 수련을 했다. 일순간 무언가가 보였다.

무엇일까.

바다였다. 아주 까만 바다. 이윽고 빛만 남았는데 내 모습의 양신이 보일 듯하다가 이내 모습을 감추고 말았다. 아직은 심득心得이 부족함을 스스로 느낀다.

한기 12년 1월 13일 2000년 2월 17일 09:28

무엇일까

어제는 하늘에, 한당 선생님께, 내 원신께 간곡히 빌었다.

'공부를 열어 주십시오.'

공음空音이었을까. 하늘로부터 한 송이 연꽃이 내려와 아주 밝은 황금색으로 바뀌면서 하단전 여의주로 들어가는 것을 보았다. 그런 후 거구인 옛 고인의 풍상風尙을 보았고 이내 한 여인을 보았다. 그리고는 빛만 남았다.

한기 12년 1월 14일 2000년 2월 18일 12:47

마음

도문에서 보낸 지난 8년의 세월이 마음을
한편으로는 냉정하게
한편으로는 무덤덤하게 만들었나 보다.

분명 한번은 실컷 울고 싶은데
언제부터인가 눈물이 말라 버렸다.

한번 마음먹고 울려고 억지로 짜내도 나오지를 않으니
내 마음이 어디로 갔을까.

지은 죄가 많은 집안인지
단 한 해도 조용하질 않구나.

얼마나 지은 죄가 많았기에
이토록 풀고 또 풀고 힘겹게 걸어가는가.

또 헤쳐 가야 하겠지만
이번이 끝나면 잠시라도, 정말 잠시라도 쉬고 싶다.

오늘은, 정말 오늘은
눈물이 말라버린 내 마음이
한없이 원망스럽다.

그러나 누구도 의지하고 싶지는 않다.
그냥 그렇게 걸어가야 할 길이기에
그 누구도 의지하고 싶지 않다.

다만 흐름에 따를 뿐이다.

한기 12년 1월 19일 2000년 2월 23일 09:25

보이지 않는 양신

어제는 보려는 양신은 안 보이고 엉뚱한 우주만 보였다.

낮에 수련을 하는데 밤하늘이 보였다. 우주 공간이 보이고 무수한 별도 보였다. 거기에 지구는 아닌 듯한 매우 큰 행성 너머로 형용하기 힘들 만큼 밝은, 마치 태양 같은 별이 보였다. 나는 그 행성을 지나서 태양 같은 별을 향해 빠른 속도로 날아갔다. 참으로 황홀한 광경이었지만 그 황홀함이 오래가지는 못했다. 왜냐하면 근래 양신의 모습이 안 보여서 조금 힘이 빠져 있었기 때문이다.

한당 선생님 말씀대로 양신이 열 번 중에 일곱 번 정도 보이면 출신하려고 하는데, 요사이는 단 한 번도 안 보이고 다른 것들만 보인다.

'보려고 하면 보이지 않고, 보는 가운데 보이게 되는 이치'라는 것을 득(得)하기는 참으로 힘든 것이라 스스로 생각하면서 조금 부담감을, 아니 제법 많은 부담감을 느낀다.

어쨌거나 우주나 그 외 이상한 것들을 보기보다는 양신을 자주 볼 수 있었으면 좋겠다.

떠나버린 양신陽神이여, 제발 돌아와 주기를 바란다.
그렇게 아무 말 없이 소식을 감추어 버리면 어떻게 하란 말인가.

한기 12년 1월 19일 2000년 02월 23일 13:11

일념일도一念一道

그것을 감지하지 못하고 만상萬象에 눈을 돌렸으니 하늘에서는 얼마나 안타까웠겠는가.

이생에 태어나서 내가 직접 할 일은 이것이고, 나머지 다른 일은 그것을 맡은 다른 도인들이 할 일이다. 도인은 팔방미인이라지만 이생에서 맡은 일은 하나일 것이고 그것을 하는 것이 참다운 조화라고 말했던 사람이 바로 나였는데.

이제, 앞으로 10년간 내가 무엇을 해야 할 지는 정해졌다. 내가 세상에 뜻을 펼치고 도법을 펼치는 길은 바로 수련을 통해서다. 수련 속에서 무언가를 찾아야 한다. 주어진 운명이 이것인데 굳이 다른 일에 힘을 소모할 것이 아니라, 오직 무학武學에만 전심전력하는 무협지의 주인공처럼, 여기에 목숨을 걸어야겠다.

일의 조화와 결실은 한당 선생님께서 하실 일 아닌가.

어제는 오랜만에 『천서』를 봤다. 왠지 읽고 싶은 생각이 들어 『천서』의 「양신」편에서 출신 부분을 다시 읽어 보았다. 새롭게 다가오는 『천서』. 쉽게 넘어갔던 한 구절 한 구절이 가슴에 각인이 되고 한당 선생님께 전수는 받았지만 약간은 막연했던 출신出神 공부의 내용이 확연하게 눈에 들어왔다. 다만 합일合一하지 않고 양신을 키우는 것과 양신합일해서 의식을 육신으로 옮긴 후 양신을 키우는 것의 차이만 아직 모를 뿐이다. 연수 때까지 부지런히 수련을 해 보고, 계속 넘기 힘든 벽으로 느껴지면 한당 선생님께 여쭐 생각이다.

양신 공부를 하면서도 체득으로 다가오지 않는 부분이 적지 않아 알 수 없는 막연함이 나를 힘들게 했는데 그것이 지워졌다.

막연함이 사라진 것이다.
이제는 도계에 대한 막연함만 남았다.
이것도 행하다 보면 명료해지지 않겠는가.

한기 12년 1월 27일 2000년 3월 2일 10:56

알 수 없는 그곳

과연 그곳이 2천도계인지 알 수 없다. 새벽 수련을 생각하면 너무 진전이 빨라 과연 2천도계가 맞는지 알 수가 없고, 한당 선생님께도 검증을 받아야 한다. 한당 선생님께서는 여러 번 경험해 보고 스스로 어느 정도 정리가 되면 19일 부산 축구쇼 때 질문하라고 말씀하셨기 때문에, 전화를 드리기가 어려워서 감히 검증을 받지 못했다. 그러나 간밤의 체험이 허상만은 아닌 듯해서 이 방에 한번 올려본다. 이것이 실제 2천도계가 아닐 수도 있음을 먼저 알려드리는 바다.

어제는 공휴일이라 모처럼 세 식구가 외식을 하러 나갔다. 둘째를 가진 듯한 태성 엄마의 뜻을 따라 소갈비를 먹으러 갔다. 사실 양신수련을 하면서 육고기는 마음이 가지 않았지만 가족들을 생각해서 그냥 갔다. 모처럼 먹는 고기여서 그런지 태성이는 내 손가락이 쉴 시간을 주지 않고 연거푸 고기를 먹여 달라고 "아빠 고기, 아빠 고기"만 되풀이했다. 얼마나 고기가 먹고 싶었으면 저럴까 싶었다 사실 못 먹이는 것은 아니다. 아빠가 고기를 잘 먹지 않아서 자연히 밥상에 고기 올라오는 날이 드물었으니 한창 자랄 나이의 아들에게는 가끔 먹는 고기 맛이 일품이었을 것이다. 그렇게 세 식구가 저녁 시간을 보내고 집에 돌아와 녹차를 먹으며 이런저런 이야기를 나누다가 태성이를 재우려고 아마 11시쯤 잠자리에 들었던 것 같다.

문득 눈을 떠 보니, 태성 엄마와 태성이는 옆에서 자고 있었고, 창 밖에 자동차 소리만 간간히 들리면서 사방이 적막했다. 일어나 화장실에 다녀온 후, 가스레인지에 찻물을 올려 끓였다. 물이 끓는 동안 가볍게 체조를 하고, 첫 찻물이 식는 동안 몇 가지 행공을 했다. 어제 저녁 과하게 식사를 해서인지 아직도 배가 불러 행공부터 했던 것이다. 한 잔의 녹차를 먹으며 본수련을 하는 심정으로 가볍게 대맥을 운기하는데 어디선가 한 목소리가 들렸다.

"그만하고 본수련에 몰입하라."

이 무슨 소리인가! 그냥 모른 척 계속 대맥운기를 하니 또 같은 뜻의 말이 들리기에 소주천을 빠르게 복습한 다음 자세를 가다듬고 양신 수련에 임했다. 내려오는 도광영력이 참으로 좋았다. 몸을 가볍게 하고 정신을 맑게 하는 것이 오랜 경험으로 보건대 뭔가 큰 흐름이 생길 듯한 예감이 들었지만, 마음의 평정을 잃지 않고 계속 수련에 몰입했다.

새벽 수련은 한마디로 십전십일기의 연속이었다. 보고 듣고 느낀 것이 아주 많은, 말 그대로 각양각색의 수련이었다. 만약 내가 스스로 양신을 만들어 본 것이 아니라면 이번에는 양신을 참 많이 보았다. 처음 수련을 할 때는 의식분리 연습을 했는데, 생각보다 잘되었다. 공간감이 마음에 들 만큼 형성되지는 않았지만 분명한 내 모습의 맑은 양신을 볼 수 있었던 것이다.

제법 흡족해서 출신을 하기로 하고 '위로, 위로, 위로'를 강하게 의념하면서 출신을 시도했다. 하주에서 빠져나가는 것은 느껴졌는데 그 다음은 잘 모르겠고, 다만 상주에 강한 압박감이 형성되었다. 압박감이 계속 강해지면서 무엇인가를 꼭 붙들어매는 듯했다. 한참을 꼼짝하지 않더니 순간 '쑥' 하면서 차가운 무언가가 백회를 빠져나가서는 한 20cm 정도 머리 위에서 멈추었다. 그것이 내 양신인지 확인하기도 전에 순간 다른 장면들이 보이기 시작했다.

지금은 정확히 기억나지 않지만 아마 바깥 풍경인 듯했다. 이건 확실히 기억이 난다. 대체로 밝은 배경이거나 아니면 사람들의 형상이었다. 나는 조금 의아했다. '왜 내 의지대로 되지를 않지?' 분명 머리 위로 양신을 출신해서 그것을 확인하고 싶었는데, 이건 완전히 내 뜻과 상관없이 자기 마음대로였다. 그런 의아함 때문에 보이는 현상에 조금 거부감을 가졌던 것 같다. 그래서 다시 하주부터 시작해서 양신을 보고 백회로 출신하는 과정을 몇 차례 반복하다가 지금도 기억나는 한 가지 현상을 겪게 되는데….

한기 12년 1월 27일 2000년 3월 2일 11:20

시험일까

아침에 밥을 먹으면서 태성 엄마에게도 사실대로 말했지만, 여러 번 비슷한 현상이 일어나서 눈을 뜨고 두 번째 녹차를 한 잔 먹었다. 그리고 다시 몇 번째인지도 모를 만큼 계속 시도했다. 의식을 집중하자마자 두려울 정도로 깊이 몰입되었다. 그러다 어느 지점에선가 좌정하고 있는 할아버지 모습이 보였다. 그렇게 화려한 모습은 아니었는데 흰색과 회색의 중간 정도로 보이는 도포를 입고 머리를 풀어헤치고 있었다. 그러면서도 정리된 듯한 모습이었는데. 나에게 이렇게 말했다.

"나를 따라 오너라."

조금은 위엄 있어 보이는 좌정한 자세 그대로 날아서 내 앞을 지나쳤는데, 그 말씀 말고는 다른 말이 없었다. 나 또한 아무런 저항 없이 그 뒤를 따랐는데 어떤 식으로 따라갔는지는 모르겠다. 왜냐하면, 내 모습은 보이지 않고 할아버지 뒤를 내가 따라가는 듯한 느낌만 들었기 때문이다. 아주 빠르게 어디론가 날아갔는데 이때도 나는 육신에 의식을 조금 걸치고 있었다 그 과정이 마치 여의주를 찾아들어가는 것과 비슷하게 빛의 통로와 우주를 지나는 듯했다. 황급히 쫓아가는 바람에 주변 풍경을 볼 여유가 없어서 주위가 어떠했는지는 잘 모르겠지만, 확실한 것은 나를 어떤 세계로 인도하는 듯했다. 조금 더 가니 아주 밝은 빛무리가 어두운 공간과 대조되면서 빛나고 있었다. 할아버지께서는 나를 그곳으로 인도했다. 밝은 빛을 향해 나아가니, 순간 눈 앞이 하얗게 되었다가 조금 어두워졌다가 다시 조금씩 밝아졌는데, 주변에는 하얀 구름이 떠 있는 듯했다. 나는 "하아, 이상하네."하고 탄식하면서 속도를 조금 늦춘 할아버지를 따라 조금 더 가는데 어떤 여자가 나타나는 것이 아닌가. 다른 것들도 있었는지 모르겠지만, 내 눈에는 그 여자만 보였다. 아, 참으로 아름다웠! 지금까지 양신수련을 하면서 여러 번 처자들을 보았지만 앞서 본 이들에게 조금도 뒤지지 않는 미모였다.

그런데 이 처자가 내 앞으로 다가오더니 갑자기 배시시 웃으면서 무언가를 원하는 표정을 짓는 것이다. 순간 조금 놀라고 당황해 뒤로 약간 물러나니 나를 데리고 갔던 할아버지께서 무심히 "한번 겪어보라." 하는 것 아닌가.

이 무슨 해괴한 일인가. 처자는 할아버지 말이 떨어지기가 무섭게 기다렸다는 듯이 한쪽 어깨의 옷을 살짝 아래로 내렸다. 순간 또 한 번 놀라 당황하면서 '이건 분명 나를 시험하는 거야'라는 생각이 들었다. 태성 엄마가 둘째 아이를 임신했는데 이 무슨 해괴한 일인가 싶었다. 한편으로는 시험이라는 두려움에 '계속 따라가면 안 된다'는 생각이 들었고, 다른 한편으로는 태성 엄마에 대한 미안함으로 자책감이 들었으며 또 한편으로는 인간적인 욕정을 느끼는 복잡한 마음이었다. 그렇게 잠시 뒤로 물러났지만, 이번에는 그 처자가 갑자기 내게 얼굴을 들이밀고 유혹하는 듯한 눈빛으로 바라보며 무슨 말을 하는 듯했다. 그 순간 여러 생각이 교차했다. '그래, 이건 100% 시험이야. 한당 선생님께서 예전에 이런 것은 따라가지 말라고 하셨어. 아니야, 한당 선생님께서 또 예전에는 무서워하기만 한다고 야단치신 적도 있어.'

이렇게 혼란을 겪다가 마침내 결정을 내렸다. '이건 시험이 맞다'라는 생각에 황급히 눈을 떠 보니 주변은 고요하고 똑딱똑딱 시계소리만 들렸다. 이 무슨 해괴한 일인가.

한기 12년 1월 27일 2000년 3월 2일 11:56

죽음을 각오하다

세 번째 녹차를 먹고, 이번에는 자리를 거실로 옮겨 발 밑에 얇은 이불을 한 장 깔고는 다시 수련에 들어갔다. 앞서 일어난 일 때문에 조금 주저되었지만, 어차피 시도하지 않으면 얻을 수 없는 공부인지라 죽음을 불사하기로 했다.

'그래, 죽을 각오로 한 번 더 들어가 보는 거다. 내게는 한당 선생님과 천지 신명들과 나의 원신이 있지 않은가. 이 분들이 나를 분명 도우실 거다.'

그래도 겁이 났던 것 같다. 처음 젖어들어갈 때 시계 소리, 차 소리 등 주위 소리가 조금 들리길래 이런 생각을 했는데, 이 생각이 한참 동안 몰입을 방해했다. 그래서 양신부터 찾아 들어가 보자 하고 몰입하니, 이번에도 양신이 보이는데 앞서처럼 선명하지는 않고 존재감만 느껴질 정도였다. 합일하고 출신하는 과정에서 또 한 번 인당에 강한 압박이 왔다. 조금 있으니 무언가 보이는 듯했다. 한당 선생님께서는 어차피 그런 과정도 연습이니 자세히 보려고 노력하라고 하셨기에 이번에는 피하지 않고 자세히 보려고 했다. 그러자 차츰 그 형상이 드러나는데 그것은 약간 검은 색의 나무였다. 검은색 나무라는 것이 조금 마음에 걸려 더 자세히 보려고 하니 조금 먼 곳에서 마치 하얀 구름이 몰려오듯이 빛덩어리가 다가왔다. 빛덩어리가 가까이 다가오면서, 마치 비온 후 구름 사이로 햇살이 지상으로 비쳐 내려오듯이 빛줄기가 내려왔다. '혹시 저 곳이 도계로 가는 문이 아닐까' 하는 생각이 들었다. 그래서 '무조건 저 빛을 타야 하는데'라고 생각하자 빛줄기가 점점 내게로 다가왔고, 나는 내 의지로 그 빛 속에 들어갈 수 있었다.

빛을 따라 쑥 올라가다가 훨씬 더 밝은 빛덩어리 속으로 들어갔는데, 이것이 어찌 된 일인가. 순간 주변이 깜깜해졌다. 한참 동안 아무 것도 보이지 않고 그냥 계속 어둡기만 했다. 그래서 느껴지는 도체양신陽神로 도광영력만 받고 있는데, 조금 있으니 주변이 조금씩 보이기 시작하고 또 조금 있으니 무엇인가가 느껴졌다.

주변은 이전처럼 하얀 구름이 가득했는데 몇 가지 상像이 빠르게 보였다 사라지곤 했다. 어느 것이 먼저인지는 모르겠지만, 인상적인 부분부터 한번 적어 보겠다.

먼저 불상이 보였던 것 같다. 그렇게 밝지는 않았는데 왠지 합일하고픈 생각에 뛰어들어가 합일해 보았다. 그런데 웬일인지 이상한 냄새가 나면서 기분이 썩 좋지가 않아 바로 나와 버렸는데, 어찌된 일인지 그리 밝지 않던 상像은 사라지고 아주 밝게 빛나는 불상 같은 것이 앞에 있지 않은가. 어디선가 "여래如來다. 여래가 나타났다." 하는 소리가 들렸는데 순간 마치 내가 여래가 된 듯한 기분이 들었다. '내가 여래가 되었구나'라는 자각과 함께 장면이 바뀌었다.

또 한번은 굴 비슷한 곳을 들어갔는데, 안으로 들어가니 어떤 할아버지께서 단아하게 앉아 있었다. 할아버지께서는 무슨 말씀을 아주 나긋나긋하게 천천히 했는데 다른 말은 잘 모르겠고 다만 누군가를 따라가라는 뜻인 듯했다. 다시 장면이 바뀌니 선녀 같아 보이는 존재가 양손을 선녀복 옷소매 속에 겹쳐 넣고는 제법 빠르게, 그러나 아주 사뿐히 앞서가는 것이 보였다. 조금 있으니 커다란 성문城門이 보였는데 돌로 쌓아놓은 듯했고, 지붕은 우리의 고성古城처럼 기와로 올린 듯했다. 한 가지 더 기억나는 것은 우리 고성처럼 성문 입구를 지나는 통로가 있었는데, 그 통로가 아주 길었다. 돌로 쌓은 통로였는데 돌들의 색이 제법 밝게 느껴졌다. 그리고 주변에 많은 사람들이 웅성거리는 소리가 들리면서 사람들의 모습이 보이기 시작했다. 그들의 옷차림은 옛 사람들의 모습 같았는데 지상 사람들보다 훨씬 밝게 보였다. 안으로 들어가니 중앙 광장 같은 곳에 아주 커다란 나무가 하나 서 있었다. 무슨 종種인지는 모르겠지만 나무를 무심히 쳐다보니 차츰 밝아지다가 종내는 아주 밝아지면서 크고 울창한 나무가 되었다. 마침내 나무가 형용하기 힘들 정도로 밝아졌을 때, 순간 장면이 바뀌면서 어떤 왕관을 쓴 할아버지 한 분이 보였다. 이 분이 활짝 웃으면서 두 팔을 뻗어 자신에게 오라는 것이 아닌가.

혹시나 싶어 처음에는 거부했는데 이상하게 계속 거부하기 힘들었다. 결국 빛 속으로 흡수되듯이 할아버지의 품속으로 빨려들어갔다. 조금 있으니 거기에 내가 할아버지가 된 듯 서 있는 것 아닌가.

순간 '내가 2천도계에 승천한 것이 아닐까!' 하는 생각이 들었지만 확인할 길이 없었다. 그런데 이런 생각이 들자마자 지금까지 너무 빠르게 진전된 공부와 여러 가지 보이는 현상에 약간 혼란스러운 마음이 일어나서 할아버지 품을 벗어나 눈을 뜨고 말았다.

한기 12년 1월 27일 2000년 3월 2일 12:03

징표 徵標

잠시 뒤로 누워 휴식을 취하면서 몸을 조금 풀고 다시 시도했다. 이번엔 어떻게 심법을 걸어야할지 조금 애매했다. 머뭇거리다가 '양신과 합일한다'라는 심법을 걸려고 하는데 나도 모르게 '원신과 합일한다'라는 심법을 걸고 말았다. 내가 왜 그렇게 심법을 걸었는지는 지금도 모르겠다. 무언가 강력한 어떤 힘이 그렇게 유도한 듯한데 자세한 것은 모르겠다.

본의 아니게 그렇게 심법을 걸고 도광영력을 받아 들어가니 이번에는 앞서의 형상들이 보이는 것이 아니라 조금 전의 그 할아버지께서 나타났다. 계속 '그래도 너무 빨라'라는 생각이 들어서 거부하니 나중에는 할아버지께서도 답답한지 뭐라고 말하면서 자신의 오른쪽 귀 아마도 그랬을 것이다를 보여주며 "이것이 징표다."라고 했다. 그것이 무슨 징표인지, 무엇을 뜻하는지 알 수는 없었지만, 귀 하나는 참으로 잘 생겨서 마치 부처의 귀처럼 큼직하고 귓불이 아래위로 길게 늘어져 있었다. 나는 그렇게 귀가 크지 않은데 무엇이 징표라는 것인지 혼란함만 계속되어 이번에도 눈을 뜨고 말았다.

한기 12년 1월 27일 2000년 3월 2일 12:15

벅찬 감정

수련을 마치고 화장실에 다녀와서 다시 앉으니 마음속에서 '원신과 합일해야 돼'라는 압박감이 강하게 들었다. 수련을 피하면 피할수록 강하게 느껴져서 거부하지 못하고 다시 시도했다. 그런데 내심 '그 할아버지가 내 원신이라면, 왕관과 얼굴 표정이 너무 안 어울리는 것 같아'라고 생각하면서 몰입하니 이번에는 조금 전의 활짝 웃는 표정이 아니라 왕관을 쓰고 근엄한 표정에 품격이 느껴지는 도포를 입은 다소 위엄 있는 모습으로 나를 맞이하는 것이 아닌가. 의식이 절반은 육신에 걸쳐 있었기 때문에, '정말 2천도계의 내 원신이라면 내 의식이 지상의 육신에 이렇게 많이 남아 있을 리가 없지 않은가'라는 생각이 문득 들어서 의식을 깨고 말았다. 다시 수련을 해서 원신과 합일해야 한다는 생각이 사라진 것은 아니었지만, 태성이가 깨어나는 바람에 더 이상 수련을 할 수 없었다.

새벽 2시 30분에 일어나서 수련과 씨름하는 사이에 어느덧 아침이 밝아왔고, 시계는 벌써 7시를 가리키고 있었다. 그러나 조금도 피로하지 않았고 오히려 더 상쾌하기만 했다. 가슴속에는 뭔가 실체를 알 수 없는 벅찬 감정이 올라왔다. 아침밥을 먹으면서 태성 엄마에게 어쩌면 내가 2천도계에 승천했는지도 모른다고 새벽녘 수련을 자랑했다. 생각해 보니, 그 검은 나무와 검은 무덤처럼 보였던 것이 어쩌면 내 머리카락일지도 모르겠다는 생각이 들었다. 앞서 언급했듯이 내가 그 할아버지와 합일을 전혀 하지 못했던 것도 아니니, 오늘 수련은 나름대로 만족스러웠다. 다만 정말 2천도계라면 분명 좋아해야 할 일인데도 너무 진전이 빠른 것 같아서 조금은 두려움이 앞선다. 아마도 다가올 심고心苦가 감당하기 힘들 정도면 어떡하나 하는 걱정 때문이리라.

그러나 어쩌겠는가! 오면 오는 대로 그렇게 걸어가면 될 것이니!

한기 12년 1월 27일 2000년 3월 2일 13:21

진상과 허상의 이전에

지금까지의 글들은 진상인지 허상인지 가리기 이전에 오늘 새벽녘의 수련체험임을 밝혀 둔다. 사실 공부의 진전이 너무 빨라 나조차도 믿기지 않아서 향후 며칠 동안 더 수련을 해 보고 판단하려고 한다. 그렇지만 약간의 두려움이 앞선다. 지난 경험으로 봤을 때 이렇게 진전이 빠를 때는 항상 제법 강한 심고가 왔기 때문이다. 오는 심고는 어쩔 수 없겠지만, 가족과 관련된 것이 아니기를 바랄 뿐이다.

쓰다 보니 제법 많이 쓰게 되었는데 처음의 의도와는 다소 달라져서 염려스럽기도 하다. 혹시 읽고 나서 구도사와 두도사가 되는 것을 바라지 않는다면, 내가 쓴 이 글의 내용을 염두에 두기보다 실수련에 집중하기를 바란다.

한기 12년 1월 27일 2000년 3월 2일 14:12

의문 하나

양신이 다 자랐을 때는 과연 어떤 차림일까.

처음과 같은 그 차림일까.

오늘 수련 경험으로는 글쎄, 과연 어떻게 될까.

한기 12년 1월 27일 2000년 3월 2일 **23:16**

2천도계 입천

오늘 3월 2일은 2천도계에 입천해서 원신과 최초로 합일한 날이다. 한당 선생님께서 인가를 해 주셔서인지 출신 때와는 달리 마음이 한결 가볍고 덤덤하다.

한기 12년 1월 29일 2000년 3월 4일 22:32

감사말씀

어제는 컴퓨터가 잠시 정지되는 바람에 통신에 하루 종일 들어오지 못했습니다. 축하 메시지를 보내 주신 거산 명사께 깊은 감사를 드리며, 아울러 양신방을 온통 축하 글로 가득 채워 주신 모든 단동맨들에게도 또한 깊은 감사의 뜻을 전합니다. 이제 시작이라고 생각합니다. 아직 양신에 대해 자유자재함이 부족하고 2천도계 공부를 완전히 체득하지는 못했습니다. 또한 2천도계가 석문호흡 공부의 끝이 아니기에 다시 한번 더 진중한 마음으로 임하려 합니다.

끝으로 한당 선생님께 깊은 감사의 말씀을 드리며, 엎드려 삼배를 드립니다. 일심으로 수도에 임하는 학인이 되기를 주저하지 않고, 가르침에 어긋나는 제자가 되지 않도록 항상 스스로 경계하고 노력하겠습니다. 이 모든 것이 8년이라는 세월 동안 보이지 않고 소리 없었던 한당 선생님의 진심 어린 사랑과 배려가 아니었나 생각합니다. 다시 한번 더 깊은 감사의 말씀을 올립니다.

한기 12년 1월 29일 2000년 3월 4일 23:13

2천도계 입천 심결

여의 如意

무 념 무 상 無念無像 생각도 없고, 상도 없으며
무 심 자 연 無心自然 마음마저 없어 스스로 자연스럽게 되니
여 의 청 월 如意淸月 마음가는대로 맑은 달 되어
귀 일 현 묘 歸一玄妙 현묘한 하나로 돌아가노라.

여의청월 如意淸月

무심 無心

출 입 무 성 出入無聲 나고 듦에 소리가 없고,
출 입 무 흔 出入無痕 나고 듦에 흔적도 없으며,
출 입 무 심 出入無心 나고 듦에 마음마저 없어라.

무심청월 無心淸月

한기 12년 2월 1일_{2000년 3월 6일} **09:25**

말

태성 엄마는 둘째 아이를 임신한 것뿐이고, 아직 출산하지는 않았다. 말이라고 하는 것이 참으로 무섭다.

한기 12년 2월 1일 2000년 3월 6일 **13:17**

심득心得 1

수심심득修心心得의 화두는 '여의무심如意無心'이다. 이것에 대한 확연함은 아직 부족하지만 언젠가 청명清明하게 밝혀지는 날이 오리라 생각한다.

나아가기 위한 화두를 가졌다는 것만으로도 나에게는 충만함이 넘치니.

한기 12년 2월 5일 2000년 3월 10일 12:33

어린아이 같기만 하고

태산을 하나 넘었다 했더니
넓은 대지는 흔적 없고
대하大河만 앞을 가로막누나.

태산도 겨우 넘었거늘 저 강은 무엇이란 말인가.
돌아서 뫼 한 번 보고
다시 넓은 강가를 쳐다보니
물 건널 나룻배 하나 보이지 않누나.

어이 이것을 건널까, 깊은 사념에 빠져
이리저리 우왕좌왕하고 보니
그 예전 시작할 때와 같은 모습에
웃음이 절로 나고

주위의 부러운 눈빛과 어리는 위엄도
사부의 품에서는 한낱 어린아이와 같아

머쓱해하며 가르침을 구하니
흘리는 진땀이 대지를 기름지게 하는구나.

가벼운 미풍의 온화한 한 말씀이
혹자는 그것이 무엇인가 하며
쉬이 생각하고 가벼이 여기나 어찌 알겠는가,
그것이 깊고 헤아릴 수 없는 진언임을.

허허허, 나는 복이 많지 않은가!
잠시의 미명未明에 갈팡질팡했건만
이같은 어루만짐이 있으니
뒤의 태산泰山도 앞의 대하大河도
봄날의 따스함에 재잘거리는 아이처럼
마냥 그렇게 좋아 보이누나.

아아, 이제야 알겠다.
그렇게 높아 보이고 넓어 보였던 것들이
이전의 그것이 아니었음을.

그것은 오직 내 마음에 있었던 것이구나.

보이지 않던 나룻배, 저만치 거기에서
이리오라 손짓하니
고개 들어 하늘 한 번 보고
싱겁게 또 한 번 웃고는
산들바람에 가벼이 내젓는 옷소매 소리에
미소를 품노라.

봄이 어디만치 왔던가,
내 옷소매에 깃들었구나.

한기 12년 2월 8일 2000년 3월 13일 08:35

퇴보일까

항상 그래왔듯이 처음의 성취와는 달리 다소 퇴보한 듯한 느낌이 들어 번잡한 마음 가눌 수 없었고, 누르는 중압감에 조급함을 어찌하지 못해 무어라 표현하지는 못하고 몸이 지레 굳어 버렸다.

'왜, 왜, 왜'라는 의문이 점점 더 눈을 흐리게 하고 '설마, 설마, 설마' 하는 마음이 이어져 심저에 부산물만 더해 버렸다. 자유로움에 대한 갈구가 너무 강했음인가. 목전의 여여함이 무르익기도 전에 결실을 보려 하니, 설익은 과일을 맛보고 입 안만 텁텁하듯 마음이 무겁다.

그러나 또 한 번 알지 않았는가! 처음 마음처럼 이제 다시 시작임을.

참으로 이상하다. 고뇌하고 번잡할 때도 이미 알고 있었건만 오늘의 깨달음은 무엇이기에 이리도 편안함을 느끼는가. 그것은 여의무심 如意無心, 외유내강 外柔內剛이 무슨 특별한 것이 아니라, 바로 평상심 平常心, 항상심 恒常心에서 비롯됨을 내 몸이 알았다는 것이다.

어제와 오늘의 내가 다르지 않음에도 그때의 앎과 오늘의 앎이 다르게 느껴지는 것은, 바로 몸으로 체득했기 때문이 아닐까 한다.

한기 12년 2월 8일 2000년 3월 13일 **08:58**

새로운 밝음

처음의 도계 입천, 원신합일 때와는 달리 이후 내게 남아 있던 공허함. 그 공허함의 정체는 무엇이었을까. 도계 입천 이후 내가 생각했던 것처럼 그렇게 자유로움을 느끼는 것도 아니고 여여한 것도 아니었기에 든 마음일까. 그래서인지 이것이 무엇인가 하고 여러 마음이 교차했다.

스스로 여여함을 즐기고 누리고 싶은 마음도 있었지만, 알게 모르게 나를 밖으로 내보이고 남에게 인정받기를 바라는 마음 때문 아닐까 한다. 여러 생각이 있었고 그렇게 되리라 마음 먹은 것도 있지만, 나는 그렇게 되지를 못했다. 양신은 자유자재로 조절이 되지 않고 도계는 희미하게 보이니 자신이 없었다. 처음과 달리 양신을 이루고 도계에 승천했다는 사실에 대해서 말을 꺼내기가 부담스러웠고 마음이 무거웠다. 도대체 이것이 무엇이란 말인가.

하루하루 시간이 갈수록 나의 공허함은 부피와 무게를 더해가서 많은 시간 앉아서 집중할수록 오히려 이런저런 생각만 늘어날 뿐이었다. 하지만 역시 하늘의 뜻은 그런 것이 아니었다. 한 보 한 보[一步一步] 나아가는 것이 곧 자연의 이치임에도 지금 당장 완전하고자 한다면 이는 곧 어제 태어난 아기가 오늘 능숙하게 말하고 걷고 뛰고자 함과 무엇이 다르겠는가.

순간, 밖은 어두웠지만 나의 내면 깊은 곳에서 새로운 밝음이 일어나는 것이 느껴졌다. 여의무심과 외유내강은 바로 평상심과 항상심에서 나옴을 조금이라도 엿보게 되니, 짙은 공허함이 찰나의 순간 어디론가 사라졌다.

이제는 진실로 웃을 수 있지 않은가. 설익은 사과를 맛있다고 자랑했건만 이제야 비로소 설익었다고 말할 수 있게 되지 않았는가. 하늘의 구름이 바람에 밀려 지나가고 대지의 정기가 비를 불러서 앞산의 녹음이 뒷산의 낙엽이 될 때쯤이면 먹는 이의 입을 즐겁게 하리라.

한기 12년 2월 12일 2000년 3월 17일 12:15

성찰省察

2천도계에 입천한 이후, 끝없이 나를 돌아보고 드러내어 반성하는 것으로 마음을 계속 채웠다. 항상심에 의한 평상심에서 여의무심과 외유내강이 나온다는 것을 엿본 이후로 더더욱 스스로의 보완점을 드러내어 닦아내고 바꾸고자 노력했다. 도계에 승천한 것이 내가 잘나서가 아니라고 생각했다. 양신에 대한 조절력이 약하고 2천도계에 대한 체득이 부족한 것은 수련의 부족 때문이기도 하겠지만, 무엇보다도 아직 내 마음이 2천도계 공부를 완벽히 체득할 정도로 큰 그릇이 되지 못해서가 아닐까 싶었다. 생각하고 또 생각했다. 어떻게 나를 바꿀 것인가. 역시 끊임없이 성찰하고 반성하고 회개하는 것밖에 없다. 오늘은 우선 의심을 지나치게 많이 하는 나의 사고방식에 대해서 스스로 드러내고 반성하고자 한다.

예전 삼성동 본원 시절에 있었던 일이다. 한당 선생님의 배려로 본원 상공에 있는 신성궁을 구경할 기회가 있었다. 한당 선생님과 녹차를 먹은 후에 우리는 수련실에서 불을 끈 채 조용히 하늘을 응시했다.

분명 깜깜한 공간이었는데 어찌된 일인지 앞이 밝아지면서 무엇인가 보이기 시작했다. 맑은 하늘이 보이고 구름이 보이더니 구름 그 위에 무엇인가 형체가 보였다. 그 형체가 차츰 가까이 다가왔는데 어떤 할아버지께서 서 있는 것이 아닌가. 할아버지 옆에는 선녀인지 여신명인지 판단하기 힘든, 정말 아리따운 처자가 있었고 그 뒤로 엄청나게 큰 성문이 보였다. 갑자기 나도 모르게 "지금 보이는 것이 정말일까?" 하는 의구심이 들었다. 순간 성문이 멀어지더니 나중에는 앞이 깜깜해져 버렸다. 다음 날 한당 선생님께 말씀드리니 내가 의심하는 마음을 가져 성문 앞에서 쫓겨난 것이라고 하셨다. 아마 대주천 수련 때였을 것이다.

지금은 그때보다 더 많이 경험하고 더 높은 단계임에도 나도 모르게 의심하는 마음이 일어나곤 한다. 얼마 전에도 2천도계 입천 후에 점점 더 퇴보되는 듯한 느낌을 받고 양신 수련을 하면 할수록 양신을 조절하기가 더 힘들자, 순간 '양신출신한 것 맞아? 2천도계 승천한 것 맞아?' 하는 강한 의구심이 들었다. 양신출신과 2천도계의 경험이 너무나 생생하게 남아 있었는데도 말이다. 물론 수련이 마음대로 되지 않아 수련 중에 푸념하듯 한 말이기는 하다. 그러나 생생한 경험이 있음에도 의심하는 자신을 보면서 참으로 부끄러웠다.

언제부터인가 내면 깊숙히 자리 잡은 이 마음은 8년이라는 세월이 지나도 아직 다 승화시키지 못하고, 여전히 미심쩍어 하고 있다. '도대체 어떻게 해야 한단 말인가.' 아마 하늘에서도 황당했을 것이다. 대주천 때야 경험이 부족해서 그런다 하지만 지금은 그렇지도 않은데 여전히 의심하고 있으니 참으로 어이가 없었으리라. 스스로 체득하고 나서도 그러하니 하늘도 공부를 이끌어 주고 싶은 마음이 일었겠는가. 진실로 나는 이를 공개적으로 뉘우치고 반성함으로써 하늘로부터 다시 한번 기회를 얻고자 한다. 사실 반성한다고 해서 바로 바뀌지는 않겠지만 최선의 노력을 해 볼 생각이다. '보지 않고 믿는 자는 복되도다'라는 말이 있지만, 내 경우는 직접 보고 체득하고서도 오히려 미심쩍어 한 형국이 되었다.

"하늘의 신명들께서 이 글을 보신다면 다시 한번 더 기회를 간절히 청하며 깊이 뉘우쳐 삼배를 드립니다."

한기 12년 2월 12일 2000년 3월 17일 12:27

의심

옛 구도자求道者들의 구전에 따르면 '마중지왕魔中之王은 심마心魔'라 했는데, 나의 심마 중에서 으뜸은 바로 믿지 못하는 '의심疑心'이 아닐까 한다.

사실 자신이 아직 알지 못하는 미지의 세계를 접하면서 온전하고 완전한 신심信心을 가지고 따르는 사람은 그렇게 많지 않을 것이다. 어떤 면에서는 약간의 의구심이 오히려 앞으로 정진하도록 돕는 힘이 될 수도 있다. 결국 의구심과 신심은 동전 앞뒷면처럼 서로 돕는 관계가 아닐까.

그래서 학인은 의심이 일어나면 스스로 체득해서 신심으로 바꾸어야지, 나처럼 체득했음에도 의구심을 갖기 시작하면 스스로 시험에 드는 형국이 되고 만다.

한번 깊이 생각해 볼 문제가 아닐까.

한기 12년 2월 15일 2000년 3월 20일 09:08

차분해진 수련

도계 입천 후 20여 일이 지나면서 처음의 놀라움과 뒤따르는 공허함도 이제는 바람에 구름 밀려나듯 지나가 버리고, 오늘도 어제처럼 변함없는 새벽을 맞았다.

밀려오는 공허함도, 갸우뚱해지는 의구심도 모두 뒤로 하고 스스로의 자질 부족에 대한 고민 또한 내려놓고 무심하게 수련해 나가는 것이 요즈음의 잔잔한 행복이다.

이제 그렇게 되었다. 몰입해서 보이는 것이 궁을 양신이고, 양신출신해서 보이는 흐릿한 것이 바깥이며, 승천해서 보이는 밝고 뽀얀 것들이 바로 도계의 모습임을 그냥 그렇게 적응하게 되었다.

세상 그 어떤 생물보다 적응이 빠른 것이 사람인지라 이제는 친근감마저 느낀다. 아직 터를 닦는 중이라 2천도계의 내 궁을 새 단장하지 못했고, 도계의 존재들과 많이 교류하지 못해서 그들 마음의 깊고 얕음을 짐작하지는 못하겠다.

움직이고 돌아다니며 사귐에 마음을 둘 뿐이다.

한기 12년 2월 15일 2000년 3월 20일 19:18

원하 原下

원하原下를 행行하며

천년대지千年大地의 정기精氣를 품은 흑선과黑仙果와

천년천상千年天上의 선기仙氣를 품은 백선과白仙果를

상천약수上天藥水 황수黃水로

여의如意에 조화造化시켜 갈무리하니

흑수黑水가 떨어져 백수白水로 화化하여 이내 맑아지더라.

맑아짐이 전신에 이르니 삼주三珠가 밝고

밝음이 또한 전신에 이르니 현광玄光이 하나 되어

만물에 녹아 천지와 합일하니 원신의 뜻을 받잡는구나.

세 번을 올라 합일을 하고 세 번을 내려 합일하니

천지에 웃음만 가득하더라.

한기 12년 2월 17일 2000년 3월 22일 09:20

운기수련의 목적

양신을 이루기 위해서 왜 많은 운기運氣의 과정을 언급하는지 한번 생각해 보고자 한다. 답은 아주 간단하다.

선도의 근본 목적이 건강의 구현이 아니라 궁극적인 자아완성에 있다면, 운기의 근본 목적은 바로 양신을 이루는 데 있다고 할 수 있다.

부연하면 인간이 창조된 과정은 '신→기→정'이며 이미 창조된 인간의 몸에서 진아眞我인 양신을 이루어 자신의 근본을 찾아가는 과정은 '정→기→신'이라는 것은 『천서』를 통해서 이미 잘 알고 있을 것이다. 인간은 최초 창조된 이후로 신성을 잃어버림에 따라, 내부 기관의 기본을 이루는 여러 경락도 그 힘을 서서히 상실한다. 그래서 태어난 이후로 조금씩 경락이 막혀 가다가 선도수련을 하여 하늘의 기운인 도광영력을 받고 운기 수련을 하게 되면 막혀 가거나 상실된 경락을 본래 상태로 회복하여 그 힘을 되찾을 수 있게 되는 것이다. 따라서 선도 수련으로 인간이 창조되어 지금까지 살아온 과정을 스스로의 의지로 거슬러 올라가 깨우침과 심득을 얻고 또한 수많은 운기 수련을 통해서 몸의 강건함을 도모함과 아울러 자신의 원신을 찾아가는 과정서 발생하는 여러 현상에 적절히 적응하고 여러 장애·방해·걸림도 뛰어넘을 수 있다. 그렇다면 결국 많은 운기 수련을 통하지 않고서는 양신을 이룰 수 없다는 것인가. 그렇지는 않다. 하늘에서 특정한 목적을 위해 양신을 만들어 주기도 하기 때문이다. 그러나 이것은 의미가 반감된다. 왜일까. 스스로 얻은 것이 아니기에 깊이 느끼고 깨우쳐야 할 부분이 빠져 있기 때문이다. 즉 체득하고 깨달아야 할 것들을 미미하게 얻게 되니 생명력이 약하여 그 과果의 의미가 현저히 낮아지는 것이다.

물론 이마저도 쉽게 얻어지는 것은 아니지만, 석문호흡수련을 하는 도반들은 이와 같은 기본적인 이치를 염두에 두고 수련에 임했으면 좋겠다.

한기 12년 2월 18일 2000년 3월 23일 09:32

순리대로

조금씩, 아주 조금씩 더 나아지는 양신 그리고 아직은 먼 도계. 무슨 말일까. 양신에 대한 조절력은 아기 걸음마와 같고 2천도계에 대해서는 아직도 많은 것을 알지 못한다는 뜻이다.

오늘은 바쁜 마음에 '이렇게 해야 하는데, 저렇게 해야 되는데' 하면서 몸부림쳤던 지난 며칠 동안의 심사心思를 뉘우치고는 그냥 그렇게[然] 따라가기로 했다. 사실 연然을 언급하기는 했지만 이것이 100% 체화된 것이 아니기에 중간에 엉뚱한 것이 보이면 '이게 왜 이렇지'라고 생각했는데 이제는 연然이 제법 체화되어 가는지 오늘은 그냥 그렇게 따라가게 되었다.

그렇게 적응하다 보니 이런 의문이 생겼다. '2천도계 원신도 옷을 갈아입는가', '2천도계 원신은 항상 왕관을 쓰고 있는가', '양신도 옷차림이 조금씩 달라질 수 있는가.' 사실 한당 선생님께서는 원신에게 물어보라고 하셨는데, 아직은 이야기를 주고받는 것이 안정적이지 못하고 이따금 형상이 조금 바뀌어 보일 때도 있어서 조금 헷갈린다. 원신께서 어떤 때는 무엇인가를 하나씩 말해 주는데 어떤 때는 전혀 아무 말 없이 침묵만 지키기도 한다.

아직 나의 그릇이 부족해서인지 2천도계가 잘 보이지 않는다. 어제도 수련을 잘 하다가 자꾸 중간에 다른 것이 보이는 바람에 스스로 화를 내고 말았다. 그래도 요즈음 양신을 통해서 여의如意에 대해 조금씩 느끼는 바가 있다.

오늘 새벽 수련 중 문득 '마魔라는 것이 본래부터 있었던 것일까' 하는 생각이 들었다. '아마 아닐 것이다'라는 생각이 일어나는데 갓을 쓴 어떤 할아버지께서 나타나 조언을 해 주었다. 정확히 기억이 나지는 않지만 할아버지 말씀의 요지는 이렇다.

"찾아오며 부딪치는 마魔의 벽이란 인간이 신성을 상실하여 멀어진 시공의 차이를 회복해 가는 데서 오는 것이다. 산이 높을수록 정상에 오르는 길이 어렵고 힘든 것과 마찬가지다. 그것은 다시 오르고자 노력하면서 생기는 어려움이니 오르지 않은 자는 다리의 무거움에서 오는 만큼의 기쁨을 맛보지 못하는 것이다. 그러니 심고의 벽이 본래부터 두터웠겠는가."

하얀 머리와 길게 늘어진 하얀 수염에 까만 갓을 쓴 모습이 조금은 안 어울린다는 생각이 들었다. 어쨌든 그런 조언을 받았다.

수련 중에 도계에 간다고 마음을 먹자 갑자기 고속도로를 달리는 차가 보이고 도로 주변에 심어진 키 작은 나무_{관상수 같은 것}가 아주 생생하게 보였다. 종래에는 내가 마치 그곳에 가 있는 듯한 느낌이 들었다. 양신이 또 외부로 날아갔는지, '여기가 어디인가' 하는 순간에 '마산'이라는 생각이 떠올랐다. 마산에 그런 곳이 있는지는 차후에 한번 확인해 볼 생각이다. 그러다 다시 짜증이 나려고 해서 눈을 떠 버렸다. 아마도 2천도계에 승천해서 원신 비슷한 할아버지와 합일을 하고 어디론가 돌아다니다가 앞서 갓 쓴 할아버지를 만난 듯한데, 기억이 정확하지는 않다.

요즘 근황은 이렇다. 공부를 통해 얻은 것은 '그냥 그렇게[然] 적응하자'라는 정도다. 지금은 아주 생생한 생동감으로 천지를 넘나들고 있지는 않다. 잘 진행되다가 다른 흐름에 들어가는 경우가 많다. 덧붙일 것도 없이 있는 그대로 이야기를 하니 조금 더 마음이 차분해진다.

한기 12년 2월 19일 2000년 3월 24일 10:28

태산의 할아버지

2천도계에 승천하여 원신과 합일하면 보일 듯 말 듯한 장면들. 시력이 아주 나쁜 사람들이 안경을 벗었을 때의 심정을 충분히 이해하고도 남는다.

그런데 가끔은 갸우뚱해지기도 한다. 분명 2천도계의 원신과 합일해서 궁宮의 이곳저곳 희미한 상태에서을 다니며 무언가를 하고 있는 것 같은데 2천도계와 어울리지 않는 광경이 눈에 들어올 때가 그렇다.

원신과 합일해서 다니다가 또 양신이 마음대로 다른 곳으로 나갔는지 사실 먼저 본 2천도계 풍경은 정확히 기억나지는 않는다 갑자기 앞에 매우 큰 무엇인가가 나타났다. 살펴보니 바위도 있고 나무도 있었는데 전체적으로 절벽처럼 보였다. '아, 이것은 무엇인가' 하는 마음에 조금 뒤로 물러나서 위를 쳐다보니 엄청나게 큰 태산이었다. 어제는 분위기에 맞지 않는 갓 쓴 할아버지께서 나타나더니 오늘은 웬 '태산'이란 말인가. 그 산을 수직으로 비상해서 올라가니 산 정상에 바위 같은 것이 나왔는데 거기에 어떤 할아버지께서 한 분 있었다. 약간 통통하고

기품 있어 보이는 할아버지였는데, 머리는 살짝 벗겨진 듯했고 하얀 눈썹과 수염이 길게 늘어져 있었다.

"누구십니까?"라는 나의 물음에 시종일관 미소만 짓고는 묵묵부답이었다. '혹시 내가 2천도계를 체득하기도 전에 3천도계를 엿본 것 아닌가' 하는 마음이 순간 들어 '모르겠다. 합일을 한번 해 보자' 하는 마음에 그냥 웃고 있는 할아버지에게 합일을 시도했다. 무언가 빛 속으로 들어 간 것 같기는 한데 내가 합일한 것인지 아닌지 구분이 되지 않았다.

아닌가 하는 마음에 합일을 풀었는데 또 의구심이 일어났다. 아직 2천도계 공부가 끝나지도 않았는데, 아니 이제 겨우 시작하고 있을 뿐인데 3천도계를 갔을 리는 만무하지 않은가. 그렇다면 그분은 어떤 산의 산신령 할아버지라는 뜻인데, 2천도계의 원신과 합일하고 있다가 왜 양신이 지상의 산으로 갔을까. 아니면 2천도계에도 태산이 있어 거기에 신명 할아버지께서 있는 것일까 무척 궁금했다. 지금 서울로 올라가서 한당 선생님께 여쭈면 가르쳐 주실 수도 있고 야단을 치실 수도 있다. 나는 왜 아직도 한당 선생님이 이렇게 어려운지 그 이유를 모르겠다.

아무튼 오늘 새벽 수련은 그렇게 나쁘지 않았다. 수련을 마치고 나니 노래가 절로 나왔다. 노래를 잘 부르지는 못하지만, 긴 노래 가사 중에 기억하고 있는 한 구절만 계속 불렀다.

이제 나는 연수를 받으러 서울로 간다.

한기 12년 2월 20일 2000년 3월 25일 3:23

자미성궁紫微星宮

3월 연수가 시작되는 오늘, 여섯 시간이나 차 속에서 보냈지만 정다운 얼굴들을 볼 마음에 가벼운 발걸음으로 본원 건물에 들어섰다. 이 사람 저 사람과 미소 띠며 인사를 나누는 것도 좋았지만, 무엇보다 그간 수련을 하면서 무척 혼란스러웠던 부분에 대해서 한당 선생님께 명쾌한 가르침을 받은 것이 흐뭇했다. 소멸되는 어둠, 맑아지는 마음에 다시 한번 스승님의 귀중함을 가슴 깊이 되새긴 소중한 시간이었다.

"그래, 그간 혼란스러워서 수없이 치미는 화를 안으로 삼키고 스스로 정리한 것이 '그냥 그렇게 따라가자'였지. 하지만 또 이렇게 가르침을 받으니 한결 자신감이 생기고 믿음이 생기지 않는가."

연수 시작일인 오늘, 가벼운 회의를 마치고 스트레칭 교육으로 몸을 푼 다음 모든 실무진들과 함께 합동수련을 했다. 이제는 인원이 많아져서 두 개 층으로 나누어 수련을 해야 할 정도다. 같은 길을 같은 뜻으로 가는 사형제들과 함께 하는 수련은 언제나 흐뭇하다. 그래서

인지 조금은 편안해진 마음으로 수련에 임했다.

한당 선생님의 가르침대로 수련에 몰입해서 양신을 출신하고 2천도계에 승천했다. 한당 선생님께서 양신과 원신 개념을 정리해 주신 덕분에 이런저런 다른 상像이 보여도 전과 달리 의아함이 일어나지는 않았다. 그런데 어찌된 일인지 2천도계에 승천하여 원신과 합일을 하자마자 어디론가 이동하는 것이 아닌가.

예전 같으면 내 의지와 무관한 이 상황에 제법 부담감이 들었을 텐데, 오늘은 그냥 흐름대로 따라가 보자 싶었다. 원신은 계단 같은 곳을 올라가고 있었는데 보기에는 끝도 없이 위로 나 있는 듯했다. '이거 내가 2천도계를 다 체득하기도 전에 3천도계로 올라가는 건가' 하는 기대감을 품고 계속 따라갔다.

한참을 올라가니 계단의 끝이 나왔다. 그곳은 높은 산처럼 보였는데 칠보로 단장된 높은 탑이 있었고, 그 탑 꼭대기에 정확히 볼 수도 없을 만큼 밝은 빛을 발하는 존재가 앉아 있었다. 사실 그 탑도 특이했지만 그분이 앉아 있는 자리도 조금 특이했다.

그런데 갑자기 지상 육신의 상체가 아주 천천히 앞으로 숙여지더니 수련실 바닥에 머리를 조아린 상태가 되었다. 평좌로 수련하다가 상체가 숙여져 머리가 바닥에 닿은 자세로 제법 오래 있었는데도 어찌된 일인지 몸이 부자연스럽지 않았고 호흡 또한 거칠어지지 않았다. 이보다 더 어리둥절했던 것은 갑작스럽게 들리는 어떤 음성이었다.

"자미성궁紫微星宮이 바로 일월성궁日月星宮이니라. 그대 지나온 날을 회개하고 뉘우치니 내 그대에게 증표로 이것을 주리라."

말이 끝나자마자 나의 원신에게 주어진 것은 '마법의 장杖' 혹은, '법마의 장杖'이라고 하는 지팡이였다. 지팡이를 받아들고 그 주변, 그러니까 그분이 앉아 있던 칠보탑 주변으로 날아올라 사방의 경관을 구경하면서 밑으로 내려왔다. 마치 높은 산에서 밑으로 내려오는 듯했는데, 내려온 원신은 도계를 이리저리 거닐다가 다시 지상으로 내려와서 도장 주변을 몇 군데 돌아다녔다. 나중에는 도장 안으로 들어와서 수련하고 있는 나와 여러 실무진을 둘러보고는 마침내 내 육신과 합일했다.

이후 또 다시 이상한 일이 일어났다. 숙여졌던 상체가 서서히 일으켜지더니 종래는 허리를 꼿꼿하게 세우고 정면을 주시하는 듯한 자세를 취하다가 다시 서서히 머리를 상향으로 약간 들어 하늘을 주시

입천入天 · 하늘에 승천昇天하다

했다. 그러자 한줄기 빛이 상주로 들어오는 것이 아닌가. 빛이 다 들어오고 나니 머리가 숙여졌다가 다시 정자세로 돌아와 한참을 그렇게 앉아 있었다.

예전에 도문 초창기 때 들었던 양신호흡陽神呼吸[1])과 비슷한 호흡을 하면서 앉아 있다가 누군가 코고는 소리에 의식이 조금 더 깨어 수련을 끝내고 한당 선생님 집무실이 있는 5층으로 바로 올라갔다. 의외의 체험에 조금 당황했지만 '혹시 이것이 3천도계를 살짝 본 것 아닌가' 싶은 생각에 검증을 받고 싶었던 것이다.

집무실에 들어가자마자 한당 선생님께 "혹시 자미성궁이라고 있습니까?"라고 여쭈었다. 의외의 질문이었는지 한당 선생님께서는 재차 질문의 요지를 물으셨다. "자미성궁이 있는지요. 있다면 그것이 일월성궁인지요."라고 말씀을 드리니 그에 대해 약간 설명을 하시면서 이런저런 가르침을 주셨다.

---

1) 양신호흡陽神呼吸이란 양신 공부 과정에서 양신 공부의 빛과 힘, 가치와 일맥·일관·일통으로 호환·파동·공명하여 일어나는 호흡을 말한다. 대체로 끝없이 계속 숨이 들어오거나 나가는 현상을 겪는다. 이것이 깊어지면 때때로 마치 무호흡無呼吸처럼 느껴지기도 하는데 실제로 호흡에 문제가 생긴 것은 아니다. 양신 공부를 하는 수도자들의 경우 가끔씩 겪는 것이기 때문에 자연스러운 현상으로 받아들이고 공부에 정진하면 된다.

그런 가운데 오늘 수련 체험을 말씀드리니 "너와 거산 명사가 2천도계에 승천했기에 그에 맞게 도와주라고 위에서 신명을 한 사람씩 내려보냈는데 네가 아마 그 신명을 보고 인사를 했나 보다."라고 하셨다. "저는 그분이 혹시 사부님이 아니신가 했습니다."라고 하니 "다음에 조금 더 볼 수 있으면 한 번 볼 수 있는 기회를 만들어 보자" 하시면서 이야기를 마무리하셨다. 왜 그 신명께서는 자미성궁과 일월성궁이 같은 것이라 내게 말했을까.

그 이유는 조만간에 드러나지 않을까 한다. 물론 미루어 짐작하는 바는 있다.

한기 12년 2월 20일 2000년 3월 25일 23:38

꾸지람

2천도계 원신합일한 이후 이런저런 이유를 핑계로 전보다 수련에 대한 마음이 많이 약해졌던 것은 사실이다.

오늘은 느슨해진 지난 한 달의 수련에 대해 한당 선생님께 꾸지람을 들었다. 꾸지람. 얼마나 좋은 단어인가. 뭔가 정신이 조금 이상해져서 꾸지람을 듣고도 좋아하는 것이 아니다. 한당 선생님의 꾸지람이 나로 하여금 뉘우치고 반성하게 하여 다시 일념정진, 용맹정진할 수 있는 힘을 가지게 하니 이 또한 사부님의 애정이 아닐까 하기 때문이다. 목숨을 걸었다고 스스로 생각했지만 조그마한 성취에 마음이 흔들렸으니 유수流水같은 세월에도 변함없는 일월을 동경하지 않을 수 없다. 이번 일을 타산지석으로 삼아 앞으로 마음이 곧 중지中志가 되도록 노력에 노력을 경주할 생각이다.

오늘은 비록 꾸지람을 들었지만 칭찬을 들은 날 만큼이나 내게는 뜻 깊은 날이었다. 한당 선생님의 잔잔한 사랑을 이제는 알기 때문이다. 물론 나 혼자만의 생각이지만.

한기 12년 2월 23일2000년 3월 28일 **09:35**

우쭐함

스스로 경계하고자 한다. 스스로의 당당함이 부족해서 이런 마음이 드는 것도 있겠지만, 무엇보다 공부하는 학인으로서 스스로를 돌아보며 나아가고자 하는 마음에서 일어난 바다.

요즘 내가 쉽게 빠질 수 있는 마음은 무엇일까. 그것은 아마 우쭐함이 아닐까 한다. 젊은 나이에 선도를 알고 참스승을 알고 또한 도계에 올라 공부를 하게 되어 주변의 관심과 부러움을 받으니 어찌 우쭐한 마음이 조금이라도 일어나지 않겠는가. 그래서 스스로 이를 경계하고 그 마음의 근원이 무엇인지 탐구하고자 한다. 지금 제일 중요한 공부 중의 하나가 자신을 끝없이 돌아보는 것이라고 생각하기 때문이다.

2천도계에 승천한 것은 도道를 통하고 근본적인 자유를 얻고자 함이지, 약간의 성취에 우쭐함을 얻기 위함이 아니지 않는가!

한기 12년 2월 23일 2000년 3월 28일 09:42

금선탈각 金蟬脫殼

뜻한 바 있어 새벽의 차가운 공기와 적막함을 벗으로 홀연히 피어나는 다향에 몸을 실어 사왕蛇王의 기운을 타다가 이내 영靈을 싣고 존재의 근원을 느끼며 세월의 무상함을 돌아본다. 황룡이 임하니 중후함이 몸의 중심을 잡고 천황조의 기운은 마음을 더 넓은 우주로 향하게 한다. 마침내 원신께서 임하니 부드러움을 자아내어 저 멀리 운무 속을 노니는 듯한데, 암울함이 천지만상의 기운과 하나 되어 밝음도 어둠도 그 경계를 구별할 수가 없더라.

다만 존재함에 머무니 좋음이 무엇이고 나쁨이 무엇인가. 탈각이라, 산들거리는 춘풍에 돛 달아 허명虛名과 허망虛妄과 허울을 실어 보내니 참세계의 즐거움이 살며시 엿보인다.

한기 12년 2월 23일 2000년 3월 28일 09:45

의수 意守

처음엔 의수단전意守丹田이 되니
차후엔 의수궁을意守弓乙이 되고
이제는 의수원신意守原神이 되는구나.
스승의 일갈一喝에 화들짝 놀라
깨어나 보니 그곳이 바로 이곳 아닌가.

한기 12년 2월 23일 2000년 3월 28일 12:59

평심 平心

조찬朝饌 뒤로 하니
해는 이미 중천에 뜨고
한 호흡 몰아쉬어 천지를 넘나드니
봄볕에 새싹이 피어오른다.

운무에 두둥실하는 것도 하루요,
대해에 노 젓고 낚시 드리우는 것도 하루니
이 곳과 저 곳이 무어 그리 다른가.

눈 뜨고 담소하고 눈 감고 배우러 가니
여여함이 초막 개울가의 물소리 같구나.

가자꾸나 가자꾸나 그곳 세계로,
한 발에 산 넘고 한 발에 물 건너니 선경이 따로 없더라.

내 한 마음인 것을.

한기 12년 2월 23일 2000년 3월 28일 19:20

전생

전생의 일부를 본 것일까. 어떤 할아버지가 자신은 조선시대 사람이라며 이야기를 풀어 놓는데, 원신과 합일한 나는 그 빛 속으로 들어가 제삼자의 입장에서 초연히 영화를 보듯 몇 가지 장면을 보았다.

전반은 좋은 모습이지만 후반은 나쁜 모습만 나오는데 계속 단편적으로 보여서 그 내용을 정확히 알 수는 없었다. 그 할아버지는 물물교류를 통해 재산을 많이 모아서 좋은 집을 사서 이사도 하고 한량처럼 살면서 첩도 들였다고 한다. 나중에는 집안에 이런저런 일이 생겼다는데 아쉽게도 그 결말까지 보지는 못했다.

이야기 속의 어떤 인물이 보이면 갑자기 누군가의 지금 모습이 떠오르면서 '이 사람이 그 사람인가' 하는 생각이 스쳐가기도 했다.

첫 화면의 풍경이 참으로 환상적이었다. 커다란 호수 같기도 하고 바다 같기도 한 곳에 무척 큰 버드나무가 있었는데 세 남자가 보이면서 이야기가 흘러갔다. 잔잔하게 아무런 소리 없이 그냥 그렇게 머물러 있는 호수의 물이 인상적이었다.

혹시 이것이 나의 전생 중 하나일까.

한기 12년 2월 23일 2000년 3월 28일 19:33

추측

『천서』에 나오는 도계 중에서 1천도계부터 4천도계는 지구권을 중심으로 한 4차원적 빛의 공간이 아닐까 싶다. 비유하면, 1천도계는 지상의 현세계는 제외한다 유치장이나 교도소 같은 곳이고, 2천도계는 김씨 마을, 이씨 마을, 박씨 마을처럼 그 전생들로 형성된 여러 빛무리의 집합체고, 3천도계는 그 마을 위에 있는 산과 거기에 배속된 생명체들로 구성된 집합체예전에는 수도자들을 산사람이라 했다가 아닐까.

그러면 4천도계는 무엇일까. 4천도계는 아마 이 모든 것을 포함하는 총괄적인 빛의 덩어리가 아닐까 하고 추측해 본다. 이를 한당 선생님께서 도통하시고 도계를 나누실 때 주역의 수리에 맞게 1천도계에서 4천도계로 구별하시지 않았나 싶다. 그렇다면 1천도계부터 4천도계까지 빛의 막으로 나누어져 있기는 하지만 그 경계가 완벽하게 구분되어 완전한 별개의 층으로 이루어져 있지 않을 수도 있다. 2천도계를 공부하면서 간혹 2천도계와 전혀 별개인 어떤 공간을 보는데, 그곳은 산과 들, 강이나 바다로만 이루어져 있었다. 입고 있는 옷들도 조금 달라 보여서 이렇게 추측해 본다.

물론 내 생각이 완전히 틀릴 수도 있다. 그럼에도 언급하는 것은 자랑하기 위해서가 아니라 보이는 것을 정리하기 위해서다. 요즈음 내가 3천도계의 모습을 조금씩 보는 것은 아닐까 하고 조심스럽게 추측하면서 이를 위와 같이 정리해 보았다. 오늘 수련을 하다가 2천도계와 달리 지상의 모습들과 비슷한데 현생은 아닌, 그러니까 꼭 전생 같은 모습들을 보게 되어 혹시 하는 생각에 적어 본다. 앞으로 계속 수련을 하다 보면 결론이 지어지지 않을까 싶다.

한기 12년 2월 23일 2000년 3월 28일 19:38

조금 더 나아진 도안

한당 선생님께 가르침을 받은 이후로 2천도계에 관한 내용이 머리로는 대부분 정리가 되었다. 남은 것은 몸으로 느끼고 보고 듣는 것인데 참으로 이상하다. 한당 선생님의 가르침이 있고 없고의 차이가 이렇게 클 수 있단 말인가. 사실은 내 스스로도 이미 어느 정도 정리하고 있었던 것들인데도 말이다.

어쨌든 그 이후로 도계의 모습이 희미하게 보이던 흐름에서 조금씩 벗어나고 있다. 남은 것은 이제 내가 얼마나 열심히 수련하고 스스로 반성하고 뉘우치면서 보완할 점들을 찾아 드러내고 닦아 나가느냐에 달려 있지 않을까. 앞으로는 더 말이 적어질 듯하다. 숙연함을 느끼기 시작했기 때문이다.

한기 12년 2월 25일 2000년 3월 30일 **08:42**

도각법

한당 선생님께서 때에 맞추어 행공行功을 하나 만드셨는데 이름하여 '도각법道覺法'이다. 도道를 깨우치는 행공이라는 뜻이다.

이 행공이 생긴 이후로 도문의 행공 동작은 기존의 89가지에서 총 100가지가 되었다. 즉 '10수+數의 완성수'라는 것인데, 단순히 행공을 하나 더 만드신 것 외에도 다른 뜻이 진은眞隱되어 있는 것일까. 창안하신 한당 선생님 외에는 아무도 알 수 없다.

행공의 내용이나 흐름을 보면, 좌식 수련자에게도 금상첨화겠지만 궁을자양신 수련자에게는 더없는 것이다. 지금까지 원하原下에 궁을弓乙이 있었지만 두 행공의 이어지는 맛이 조금 부족하다 생각했는데 도각道覺이 이를 연결하고 있다. 혹여, 선도仙道 3수三數의 원칙으로 3행공을 이어서 하려는 사람은 원하, 도각, 궁을의 이름에 몸과 마음을 맡겨 그 흐름을 따라보라.

'하늘의 뜻을 들어 알고 깨우치고 행行하게 되어 비로소 도道에 귀의

歸依하게 되리라.'

이것이 혹 한당 선생님께서 진은하신 뜻이 아닐까 짐작해 본다.

한기 12년 2월 25일 2000년 3월 30일 **09:08**

또 한 번의 원하

삼천포 지원은 원하법과 인연이 있는 것일까. 삼천포에서 '원하법'을 하면 특이한 일이 생긴다. 나중에는 삼천포에서 원하법을 하면 무언가를 얻는다는 선입견을 갖게 되지 않을까 하고 스스로 조심스러워진다. 어제도 그랬다.

진주에서 점심을 먹고 삼천포로 내려와 실무진들과 차 한잔 나누고 이어 3행공에 들어갔다. 몇 번째 행공이었을까. 정확히 기억나지 않지만, 조금 깊이 몰입된 순간 어떤 할아버지께서 빛을 몰고 와서 떡 하니 서 있는 것이 아닌가. 할아버지께서는 긴 수염에 하얀 도포가 참으로 잘 어울렸고, 들고 있던 지팡이도 한껏 분위기를 자아내었다.

"누구십니까?"

약간 당황해서 의아한 말투로 여쭈니 스스로 지리산 산신령이라고 하신다. 나는 산신령 할아버지들께 지은 잘못이 많다. 특별한 명분

없이 영초靈草나 다름없는 산삼을 허락 없이 가져온 적이 여러 번인지라 그렇다. 물론 오래전에 한당 선생님께 함부로 그와 같은 일을 한다고 꾸지람을 들었지만 그 후로도 아주 가끔 한두 번 정도는 더 산삼의 영기靈氣를 빼서 가져왔다. 물론 내가 먹은 것은 아니지만 지금 생각하면 너무 어리석고 하늘을 몰랐던 시절의 행위이지 않았나 싶다. 이 또한 깊이, 그리고 엄숙히 반성하며 용서를 빌었다.

"사부님, 죄송합니다. 예전에 삼성동 본원 시절에, 산삼은 주인이 있는 영초인데 산삼의 영기를 함부로 가져와 쓴다고 꾸지람을 듣고서도 진주에 도장을 낸 이후 아픈 도반들의 쾌유를 위해 한두 번 더 가져왔습니다. 오늘 이 자리를 빌려서 깊이 뉘우치고 반성합니다. 용서해 주십시오."

"백두산, 지리산, 황매산의 산신령 할아버지들께도 깊이 사과드립니다. 한당 선생님 도호를 내세워 산삼이나 수십 년 이상 된 도라지를 거의 강압적으로 가져왔던 것에 대해서도 깊이 뉘우치고 사죄합니다. 차후로는 명분 없는 행동은 절대 하지 않을 것을 이 자리를 빌려 약속하겠습니다. 또 지금은 기억이 나지 않지만 지은 잘못이 있을지도 모르는 다른 산의 산신령 할아버지들께도 깊이 사죄드리는 바입니다."

"앞으로는 개과천선한 학인으로 다시 태어날 것을 한 번 더 약속드립니다. 지난날의 우매함을 진심으로 뉘우칩니다. 스스로 공개적으로 반성하고 비판과 질타를 받도록 하겠습니다."

아무튼 그 할아버지께서 정말로 지리산 산신령 할아버지였는지는 정확히 모르겠다. 다만 내가 듣기로 그랬다. 그간의 잘못을 말씀드리고 용서를 구하니 뜻밖에도 할아버지께서는 호탕하게 웃으며 이렇게 말했다.

"지상 도인을 만나는 것은 언제나 유익한 일이다. 우리는 또 만나게 될 것이니, 하하하, 크게 괘념치 말라."

용서의 말씀에 "할아버지, 감사합니다."라고 얼른 대답했다. 우리의 만남은 이렇게 끝났다. 만남이 끝나니 행공도 끝나 있었다. 처음에는 할아버지 지팡이에 머리를 한 대 맞을까 싶어 주춤했지만, 그분의 넉넉하고 호탕한 웃음에 오히려 지난 과거를 더 깊이 돌아보고 뉘우치게 되었다. 가르침에 깊이 감사드린다.

한기 12년 2월 25일 2000년 3월 30일 09:56

어느 곳인가

삼천포 지원에서 연속 3행공을 끝내고 수련에 들어갔다. 평소처럼 원신과 합일하고 궁宮을 보고자 하는 마음에 2천도계를 거닐려고 했는데 왠지 원신이 따라주지를 않았다. 그래서 "뜻대로 하소서." 했더니 갑자기 어디론가 간다. 조금 이동하니 매우 밝고 강한 빛무리가 보였는데 가까이 다가갈수록 점점 더 커졌다. 그래도 그간의 도계 경험이 있어서인지 크게 당황하지 않고 원신의 뜻에 따랐다. 원신이 그 빛무리 속으로 들어가기에 처음에는 주춤하다가 의식을 잃지 않고 따라 들어갔는데, 특이하게도 이번에는 빛이 밝은데도 정면을 주시할 수 있었다.

그렇게 주시하며 앞으로 나아가다가 동굴처럼 보이는 통로를 지났는데, 내려가는 듯도 하고 올라가는 듯도 하여 신기했다. 그러다 끝이 보여서 밖으로 나오니 바로 앞이 환하게 밝아서 잠시 주춤했다. 지난 경험으로 볼 때, 이럴 때는 그냥 그 자리에서 잠시 머무는 것이 제일이기 때문이다. 조금 있으니 앞이 뿌옇게 보이다가 일순간 동화 같은 풍경이 펼쳐졌다.

마치 백두산 천지와 비슷했는데, 넓은 평지와 우뚝 솟은 기암절벽이 중앙에 있고 주변에는 갖가지 나무와 풀 같은 것이 있었다. 그것을 제법 먼 곳에서 바라보고 있었는데, 한참을 보던 원신이 무엇인가 결심을 했는지 다시 움직이기 시작했다. 순간 푸른 하늘이 보이고 구름이 보이다가 좌우로 구름이 흩어지면서 다시 아래의 모습이 보였다.

내 생각에는 아마도 풍경을 보고 하늘로 날아올랐다가 다시 땅으로 내려온 듯하다. 아래로 내려와 보니 마치 숲속 같았다. 가늠하기 힘들만큼 큰 나무들도 있었고 갖가지 꽃들도 있었다. 지상이라고 생각하기에는 무엇인가 이상한, 내가 어딘가 이상세계에 있는 듯한 느낌이 강하게 들었다. "여기가 어디인가?" 숲속을 헤매 다니면서 수없이 물었지만 아무런 답이 없었다. 눈에 보이는 이름 모를 풀들이 초록은 초록으로 보이고, 연두는 연두로 보이고, 꽃망울은 꽃망울대로 보이는 것이 참으로 신기했다.

그렇게 조금 다니니 이번에는 산짐승도 한두 마리 보였다. 사슴 외에는 생각이 나지 않지만, 미지의 세계에서 한참을 보내고 나니 어느 산언덕에 한 할아버지가 단정히 앉아 있는 것이 아닌가!

"그대를 오랜 시간 기다렸다." 순간적으로 이 분이 내 원신인가 하는 생각에 합일을 시도하니 합일은 되지 않고, 그 말 한 마디만 남기고 할아버지는 어디론가 사라져 버렸다.

욕심이었나 하는 생각에 반성을 하고 또 걸어가다 보니 눈앞에서 어떤 꽃망울이 터졌다. 꽃 속에서 열매 같은 것이 하나 나오기에 받아서 입속으로 넣어 버렸다. 아직도 내가 먹는 것에서 많이 벗어나지 못했나 보다. 식탐이 언제쯤 순해질 것인지. 계속 앞으로 걸어가자 이번에는 개울이 보였다. 그런데 참으로 신기하다. 개울 물이 우윳빛이 아닌가! 아니 꼭 우유처럼 뽀얀 색으로 흐르고 있기에 마시고 싶은 충동을 이기지 못하고 다시 왼손으로 떠서 마시고 말았다.

생각과는 달리 조금 부드럽다는 것 외에는 별다른 맛을 못 느꼈다. 어쨌든 이렇게 장시간 집중을 한 것도 경이로운 일인데 또다시 놀라운 일이 벌어졌다. 계속해서 걸어가는데 앞에 둥근 빛무리 같은 현광玄光이 보이고 그 속에서 할아버지 한 분이 나타나 이렇게 말하는 것이다.

"아직 나와 만날 때는 아니다. 허나, 만난 증표로 이것을 주도록 하지."

할아버지께서는 무엇인가를 오른손으로 건네주었다. 육면체인지 팔면체인지 무슨 보석 같았는데 그렇게 밝아 보이지는 않았다. 오히려 어두운 쪽이었다고나 할까. 할아버지께서 그것을 몸에 지니라고 하자 나는(정확히 말하면 나의 원신은) 신체 위치로 치자면 중단전 부위에 그것을 흡수하듯 밀어넣는 것이다. 그런데 그렇게 흡수를 하니 곧바로 빛을 되찾은 것처럼 밝아지는데 그 모양이 여러 모습으로 보였다. 순간 어떤 어둠이 밀려 나간다는 생각이 들었는데 육신의 느낌도 그러했다(이때는 의식의 절반이 육신에 있었다. 그렇게 만남이 끝나자 할아버지의 얼굴은 보이지 않았다. 눈을 떠도 계속 여운이 남아 지금도 그 모습이 어른거린다. 그런데 한 가지 이상한 것은 살짝 의식을 깨고 보니 나도 모르는 사이 눈에 눈물이 고여 있었던 것이다.

두 번이나 눈을 뜨기는 했지만 수련을 그대로 마쳤던 것은 아니다. 두 번째 수련인지 마지막 수련인지 앞서와 전혀 다른 광경이 보였다. 전쟁터가 보이고 병사들이 보였고 서로 죽이는 것이 보이다가 갑자기 어떤 움막 같은 것이 보였다. 그 속에서 어떤 장군이 투구를 벗은 채 깊은 시름에 빠져 있는 모습이 보였는데, 갑자기 일어나더니 어딘가로 가기 시작했다. 그러다가 동굴 비슷한 곳을 들어갔는데 끝도 없이 들어가기만 해서 눈을 뜨고 말았다. 전생이었을까! 눈을 뜨니 또 다시 왼쪽 눈에만 눈물이 고여 있었다.

그 장면이 무엇인지는 모르겠다. 다만, 가슴 한쪽에 약간 울적함이 있었는데 그것이 없어지면서 맑아지는 느낌을 받았을 뿐이다. 그런데 이런 체험을 적어도 되는지, 혹시 한당 선생님께 꾸지람을 듣지 않을지 걱정스럽기도 하다. 나는 다만 말하고 싶은 것이다.

"도계가 있다."라고.

한기 12년 2월 29일 2000년 4월 3일 09:24

생동감

새로운 한 주를 시작하고 새로운 달을 시작하는 월요일이다. 오늘부터 나는 수련 점검을 시작한다. 금방 무슨 일이 생길 듯하던 새천년의 축제와 긴장이 엊그제 같은데, 벌써 꽃피는 4월이 되었다.

최근의 수련은 지지부진하다가 약간 진전이 있기를 반복하고 있다. 학교 다닐 때 수업을 못 따라가면 방과 후에 남아서 나머지 공부를 했듯이 요즈음 나는 양신을 찾아 합일하고 출신하고 출신 후 성장시켜 도계에 승천하는 과정을 거듭 되풀이하고 있다. 그런데 가끔은 의아해진다.

무엇이 의아한 것일까?

양신과 합일하면서 합일이 잘된 건지 아닌지 확인하고 싶은데 갑자기 양신이 사라져 버리곤 하니 꼼꼼한 내 성격상 확실하게 느껴질 때까지 수없이 되풀이 하게 된다. 그러다 보니 도계에 자주 승천하지 못하고 있다. 요즈음은 합일 감각도 예전과 달리 뚜렷하게 느껴지지 않는다. 처음 대맥을 유통하고 나서 기가 돌고 있는지 아닌지 헷갈려 하던 때와 똑같다. 아마 합일되어 들어가는 속도가 매우 빨라지고 나머지 다른 과정들도 제법 속도가 빨라져서 그런 것일 텐데, 아직 내 마음이 이것을 인식하지 못하니 답답할 따름이다. 사실은 인식을 못하는 것이 아니라 내 스스로 인식을 유보하는 것인지도 모른다. 이것이 성격이다 보니 옛날부터 이 때문에 득得을 보기도 했지만 손해를 본 적도 많았다.

또한, 아직 의식의 집중도가 낮아서 그런지 출신 이후에도 육신에 의식이 많이 남아 있는 편이다. 그런데 오늘 새벽은 제법 생동감또 한 명의 내가 몸 밖에서 움직이는 듯이이 느껴졌다. 이런저런 모습들이 보이고 어디론가 다닌 것 같은데 어디를 그렇게 돌아다녔는지는 판단이 잘 서지 않는다. 2천도계를 갔던 것도 같고 지상을 돌아다닌 것도 같다분명히 바다, 섬, 산, 도시를 보았고 진주 지원 부근과 나의 집도 보았다. 전생인지 옛날 조선시대 때나 있을 법한 집에 들어가 한참을 둘러보기도 했다. 어딘지 알 수 없어 고개만 갸우뚱하기는 했지만 말이다.

그중에서 약간 검은 빛이 감도는 바다 위의 섬과 지리산처럼 보이는 산의 바위 절벽, 그리고 진주 지원과 2천도계가 보였던 것이 인상적이었다. 그러다가 미국에 가 있는 암운 단사 얼굴도 잠시 보이고 그 집인지 도장인지 모를 공간도 보였던 것 같다. 제대로 가서 본 것인지 아니면 투시하듯 본 것인지는 구별이 잘 안된다. 돌아다니면서 암운 단사가 잠시 떠올랐는데 투시하듯 암운 단사 특유의 활짝 웃는 얼굴이 보였다. 내가 미국을 갔다온 것일까? 조금 혼란스럽다. 그래도 전보다 더 생동감을 느끼게 된 것이 현재 나의 성과로 보인다. 아마 도처에 제법 의식이 많이 실려 이런 장면들을 어느 정도 정확하게 보게 되면 본격적으로 2천도계 공부가 시작될 텐데. 2천도계 공부를 마치려면 상당한 시일이 소요되지 않을까 싶다.

나도 모르게 빨리 이루고 싶은 마음이 잠재의식 속에 있었나 보다. 그래서 당분간 이 방에 글 올리는 것을 자제하려고 한다. 조금 먼저 갔다고 심적인 압박감을 많이 받았던 것 같다. 수련을 용맹정진하는 것도 중요하지만 이 압박감을 먼저 내려놓는 것이 더 중요하겠다는 판단에 이런 글을 올리게 되었다.

어쩌면 제법 긴 고요함에 들어야 할 지도 모르겠다.

한기 12년 2월 30일 2000년 4월 4일 09:30

우뚝 서니

'생동감'이라는 글을 쓴 지 하루 만에 도계체험을 올리면 너무 가벼운 운신이 아닐까 하여 약간 망설여지기도 했지만, 하루가 지나니 더욱 그 느낌이 새롭게 다가와 기록으로 남기려 한다.

어제는 도각법이 나온 후 처음으로 5행공을 했다. 저녁에 점검이 있었던 관계로 오전에 원하법, 도각법, 궁을법을 연이어 하고, 오후에 도각법과 세운법을 연이어 했다. 그리고 점검 전 잠시 수련에 들었는데 한 시간을 훨씬 넘겼다. 어제의 수련은 생동감과 막연함의 연속이었다. 무엇에 생동감을 느꼈고 어디에서 막연함을 느꼈을까?

어제도 평소와 같이 양신합일을 하고 출신하고 잠시 키우는 과정을 거친 뒤 도계에 올라 원신과 합일을 했다. 2천도계를 체득하려면 해야 할 공부가 많다는 생각에 급해지는 마음을 차분하게 가라앉히면서 당장 필요한 것부터 다시 시작하기로 했다.

무엇부터 할까? 우선 이전에도 했고 지금도 하고 있는 2천도계 주유周遊를 할까 하여 원신의 인도를 부탁했다. 그래서 궁宮의 이곳저곳을 돌아다녔는데 궁宮에 있던 큰 기와집과 같은 건축물을 비롯하여 돌로 만든 담, 담 바깥의 넓은 광장, 그리고 여러 가지 형형색색의 건축물이 지금도 기억에 남는다. 그러나 그 용도가 무엇인지, 궁宮의 어느 위치에 각각 있었는지 아직도 확실히 알지는 못한다. 집중도와 안광이 아직 그것까지 알 정도는 아닌 듯하다. 내심 2천도계를 잘 알려면 어떻게 해야 할까 고민하다가 문득 한당 선생님의 경험담이 떠올라 그렇게 해 보기로 했다.

2천도계를 이리저리 다니면서 여러 존재들을 제법 많이 만났는데, 전과는 달리 여인들의 모습도 보였다. 나는 한당 선생님께서 하셨던 것처럼 이들에게 주연酒宴을 베풀어 보기로 했다. 집무실에 앉아 좌우 백관보좌신을 불러 모아 주연을 베풀려고 하니 흥겹게 즐겨달라고 당부했다. 곧이어 주연이 열리자 선녀들인지 정확하게는 모르겠지만 다수의 여인들이 광장 중앙으로 나와 춤을 추고, 많은 사람들이 그들 주위에 모여 음식을 먹고 담소를 나누고 흥겹게 노닐었다. 흥이 절정에 달했을 때, 나는 잠시 여흥을 멈추어 달라 하고는 모인 군중들에게 진심으로 감사의 말을 전하며 나의 2천도계 공부를 도와주기를 간곡히 청했다.

주연이 막바지에 이르렀을 때 나는 조용히 집무실로 돌아왔는데 문득 일어난 고요함이 다시 밖으로 나가고자 하는 마음을 일으키기에 원신의 인도를 받았다. 여기서 인도라 표현한 것은 원신과 내가 합일한 상태이기에 내 마음이 일어남을 원신에게 온전히 따르기로 했다는 것을 의미한다. 나중에 2천도계 공부를 하게 되면 이 말의 의미를 알게 되리라 생각한다.

그렇게 성 밖을 나서다가 문득 한 가지 생각이 들었다. '아직 내 성 전체를 다 보지 못했는데, 어떻게 하면 다 볼 수 있을까?' 그런 생각이 듦과 동시에 문득 위로 올라가서 보면 되지 않을까 하는 마음이 이어져서 하늘로 올라가 보니 이게 어찌 된 일인가? 너무 많이 올라왔는지 성의 모습이 너무 조그맣게 보였다. 다시 의식을 조금 아래로 두니 성의 이곳저곳이 잠깐 잠깐 보였다. '아직은 역시 안광이 따라주지를 않는구나!' 한탄이 일어났다. 외성의 벽과 그 안의 건축물만 조금 보였기 때문이다.

궁의 동쪽에 숲이 있다기에 그곳으로 가자고 마음을 먹으니 이내 그곳에 도착했다. 커다란 기둥이 두 개 서 있고 문이 보이는데 그 앞으로 한 존재수문장인지 그곳을 지키는 존재인지는 모르겠지만가 나와 인사를 하고는 안내를 했다. 나는 아무 말 없이 그의 안내를 받아 기둥 문이 있는 곳을 지났다. 제법 길게 뻗은 산길이 나와서 한참을 걸어가니 바위가 보이고 울창한 숲이 보였다. 안내자는 나를 바위 밑의 산길로 인도했다. 따라가 보니 커다란 나무들 사이에 이름 모를 여러 가지 풀이 있었다. 그 뒤편으로 물이 보였다. 무엇인지 물으니 대답을 듣기도 전에 시야가 넓어지면서 아주 넓은 호수가 나왔다. 호수의 평온함이 좋아 잠시 서 있다가 예전 생각이 떠올라 물 위를 거닐면서 건너편 쪽으로 유유히 나아갔는데, 여기서 의식이 잠시 깨어나는 바람에 그 다음을 보지 못했다.

점검 때문인지 밖이 소란스러웠다. 마음을 가다듬고 다시 깊이 몰입하고자 했다. 원신과 합일하자 이번에는 지상인지 천상인지 모를 산과 바다들이 보이는데 순간적으로 지리산을 생각했던 것 같다. 눈앞에 펼쳐지는 산 정상에는 바위로 된 절벽이 있었는데, 나는 허공에 뜬 채로 절벽과 절벽 아래의 초목과 골짜기를 내려다보았다. 색감이 현실에서 보이는 정도는 아니었지만, 바위가 바위로 보이고 산이 산으로 보였으며 초목도 초목으로 희미하게나마 색감이 구분되었다. 그러다가 나도 모르게 어디론가 튕겨져 나갔는데, 밤하늘과 같은 우주 공간이 나타나는 것이 아닌가! 아래로 지구가 보이고 머리 위로 무수한 별들이 보이는데 제법 오랫동안 지구를 내려다보며 알 수 없는 마음에 사로잡혔다. 머리 위와 주변에 마음을 두니 이번에는 공간의 별들이 보이고 느껴지면서 알 수 없는 막연함이 다가왔다. 무엇인가 신선함이 어우러진 알 수 없는 막막함이라고나 할까. 아니면 공허함이라고 할까. 그런 감정에 잠시 빠져들다가 앞으로도 뒤로도 나아가지 못하고 그렇게 있었다.

"지구만 벗어나도 이런데!"

이런 생각이 뇌리를 스치면서 뭐라고 정리하기 힘든 감정을 느꼈다. 그 다음은 어떻게 되었을까? 지상으로 내려와서 진주를 조금 구경하다가 도장으로 들어왔던 것 같다. 아래층 상담실에서 이야기 나누는 스님들의 모습을 잠시 보고 내 방으로 돌아와 수련하는 나의 모습을 보고 바로 다시 육신으로 합일해 들어가서 원신은 자신의 자리로 돌아가고 나는 마침내 눈을 떴다. 눈 뜨고 처음 느낀 마음은 바로 생동감과 막막함이었다.

'공부가 조금씩 되기는 되는구나! 안된다고 속상해 했건만.'

선도의 공부란 이렇게 수없이 체득하면서 온몸으로 그 깨우침을 자신의 것으로 만들어 나가는 것인가 보다. 왠지 차분해진 마음에 평온함이 느껴졌고 기쁨과 즐거움이 고요하게 일어나 도계 공부의 결과가 평범한 삶처럼 담담하게 받아들여져서 아무런 마음의 흔적 없이 자리에서 일어났다. 점검이 있어서 시계를 보니 제법 많은 시간이 흘러 있었다.

오늘도 점검이 있지만 그래도 행공의 세계에 빠져 볼 생각이다.

한기 12년 3월 8일 2000년 4월 12일 17:38

알립니다

오늘자로 지금까지 올린 도계에 관한 모든 글을 삭제하니 이 점 양해해 주기 바랍니다. 차후로 새로운 글은 올리지 않을 예정이며, 공부가 더 깊어지면 그때 한 권의 책으로 엮어 발간할 것이니 궁금하더라도 기다려 주기를 부탁합니다.

아울러, 도계에 관해 너무 많은 사실을 알고 있으면 자칫 두도사나 구도사가 될 우려가 있고 공부에 방해가 될 수도 있습니다. 선입견을 가지고 수련에 임하도록 만드는 우를 범할까 싶어 모든 글을 삭제했습니다. 다시 한 번 사과의 말씀을 드립니다.

한기 12년 3월 13일 2000년 4월 17일 16:12

4수 四數의 연緣

이 방에 양신 수련일지를 올리지 않으니 무척 적적해 보인다. 그래서 소소한 말이나 올려 볼까 한다.

이번 토요일에 이사를 했다. 그런데 우연이라 해도 정말로 신기한 우연이 있었다. 이사를 가기로 한 날의 하루 전이니까, 14일 금요일이었다. 하대동 이사한 곳 동사무소에 전입신고를 하는데 신청 번호가 444번이었다. 여기서 한 번 놀랐다. 왜냐하면 전입신고한 그 날이 바로 4월 14일인데 신청 번호가 444번인데다가 이사한 곳도 바로 4통 4반에 104동의 14층이었기 때문이다. 우연이라고 해도 너무 심할 정도로 4수와 친분을 갖게 된 것이다. 이것을 어떻게 해석해야 할지.

선가에서는 4, 9를 오행五行의 금金에 배속시키고 금金은 백색이라 하여 그 의미를 요즈음 사람들 생각 죽을 사死 과는 조금 다른 관점으로 보지만 참으로 신기한 일이 아닐 수 없다.

한기 12년 3월 14일2000년 4월 18일 **08:38**

초청

'아지'라는 분이 건넨 멋진 말씀에 기분이 좋습니다. 저도 이 집에서 많은 결실을 볼 것 같은 생각이 듭니다. 그런데 집들이는 무기한 연기입니다. 아쉽게도 태성 엄마가 뱃속의 둘째 아이 때문에 조심하고 있어서 그렇습니다.

그리고 다음에 혹시 내 집을 갖게 되면 다른 사람은 몰라도 팔달 도반은 꼭 초청하겠습니다.

한기 12년 3월 14일 2000년 4월 18일 08:46

여유 1

모든 일이 그러하듯이, 빨리 이루려는 마음은 많은 장애와 무거운 마음을 안겨주는 듯하다. 2천도계를 한두 달 안에 체득하고자 욕심을 내니, 어떤 무언가에 쫓겨다니는 듯한 불편한 마음이 일어나 여여함을 가질 수가 없다.

그래서 평상심 속에 여여함을 가지기 위해서 스스로 2천도계 공부를 올해 안으로 체득하자고 목표를 수정했다. 그렇다고 하루하루를 넋 놓고 보내겠다는 건 아니다. 유일한 취미이자 관심거리가 수련이다 보니, 마음이 달려가면 달려갔지 멈추지는 않는다.

다만, 나도 모르게 자꾸 급해지는 마음이 들기에 얼마간의 휴식을 줄 생각이다. 이렇게 여유를 가지고, 예전에도 그랬듯이 2천도계의 많은 것을 경험해 볼 생각이다.

| 추신 | 글을 올려 달라는 요청들이 많아서 올리긴 했는데 한편으로는 머쓱해진다.

한기 12년 3월 14일 _{2000년 4월 18일} 08:53

스스로의 깨우침

간혹 스스로의 무능과 안이함에 고개를 내젓는다. 꼭 가르침을 받아야만 생각을 넓힐 것인가! 내 스스로 넓힐 수는 없는가! 스스로 공부한다고 생각하지만, 역시 한당 선생님께서 계시는 것이, 그리고 하늘이 곁에 있는 것이 달라도 뭐가 다르구나 하는 생각이 가슴 속에 가득하다.

출신의 4가지 방법에 관하여 한 가르침을 내리셨다. 말씀대로 시도해 보니 되었다. 다만, 스스로의 지극한 노력으로 이리저리 시행착오를 겪는 가운데 얻은 것이라면 더할 나위 없이 좋았을 텐데, 노력의 부족을 마음에 새긴다. 조용한 침묵 속에 감사함이 사해를 뒤덮는다.

한기 12년 3월 14일2000년 4월 18일 **09:13**

원신의 전언 1

"수련을 소홀히 하지 말라. 바쁜 것과 무관하게 수련에 임하기를 바라노라."

바쁘다는 핑계로 도계에 오르지 않자 원신이 내게 한 말이지만, 함께 새겨 볼 만하지 않을까 싶어 올려 본다.

한기 12년 3월 18일 2000년 4월 22일 **08:33**

경솔했습니다

먼저 경솔하게 운신한 것에 대해 깊이 사과를 드립니다.

얼마 전, 도계에 올랐는데 평소와는 분위기가 좀 다르고 어떤 할아버지께서 보여서 "이곳이 어디입니까?"라고 물으니 "3천도계다."라는 답변을 들었다고 글을 올린 적이 있습니다.

그러나 한당 선생님께 검증도 받지 않은 상태에서, 또한 스스로도 그것이 '심마'일 것이라 생각했음에도 직접 겪은 체험이라는 단순한 생각에 글을 올리는 경솔함으로 여러 도반들의 마음을 혼란스럽게 했습니다.

아직 수심이 부족하여 나 자신도 모르게 '빨리 가고자 하는 마음'과 '내보이고자 하는 마음' 즉, 욕심과 공명심이 작용하지 않았나 생각합니다. 스스로 갈고 닦으면서 경계하고 초월하고자 했건만, 또한 그렇게 후학들을 가르치는 사람이 면목 없게 되었습니다. 이에 한당 선생님의 훈계를 공개적으로 말씀드려 여러 도반들의 혼란함을 없애고자 합니다.

"경솔함이 있었다. 어찌 2천도계도 다 모르고 3천도계에 오른단 말이냐? 2천도계에서 배워야 할 것이 많은데 너는 지금 그중에서 얼마나 체득했느냐? 차후로 그와 같은 말과 모습이 보이거든 일갈一喝하여 물리치도록 해라."

|추신| 내가 올린 글이 『천서』와 달리, 즉 2천도계를 다 체득하지 않아도 3천도계에 오를 수 있는가 하는 의구심을 일으킬 여지를 만든 것 같아 한당 선생님께 받은 '훈계'를 전합니다. 이점 널리 양해해 주기 바랍니다. 한당 선생님께서는 나의 경솔함이 여러 사람의 수련을 방해하고 두도사, 구도사를 만들 수 있음을 상기시켜 주시면서, 내 수련일지를 복사해서 회원 분들이 돌려읽는 것을 우려하셨습니다. 한당 선생님께서는 선가의 공부란 '불비타인不比他人'인데 이것은 "자신의 공부는 자신이 하는 것을 뜻한다."고 하셨습니다. 여러 도반들께서는 이 점을 가슴에 담고 수련에 임하기를 바랍니다. 다시 한 번 더 이러한 혼란을 야기했던 경솔함을 깊이 뉘우치고 사과를 드립니다.

한기 12년 3월 21일 2000년 4월 25일 18:41

하심下心

덧없는 높임에 낮춤이 즐거우면 흥에 겨워 낮추리라.
우뚝 서 천하를 굽어보며 연然함이 일지 않으면
저자에 나가 운무雲霧 와 같이 노니리라.
높이 있다 할 때 스스로 낮춤은 또한 중용의 묘리 아닌가!

한기 12년 3월 24일 2000년 4월 28일 19:29

고백

지난 과거의 잘못과 허물을 드러내니 역시 마음이 무겁다. 끝없이 성찰하며 '이것이 나의 보완해야 할 점이구나' 하고 다듬어 내는 일은 쓰라림이 있다. 그래도 한 번의 용기와 한 번의 돌이킴으로 천지에 젖어들 수만 있다면 백 마디의 비난도 마다하지 않을 것이다.

그러나 회개가 늦어 하늘을 잃고 회향回鄕하지 못한다면 백 마디의 감미로운 말로도 슬픔을 달랠 수 없을 것이다. 마음이 이러할진대 사막이 앞을 막겠는가!

한기 12년 3월 29일 2000년 5월 3일 **09:24**

나 자신 1

나란 과연 누구인가?
눈뜨고 바라보면 젊음이요
눈감고 바라보면 백발이니 어느 것이 진실된 나인가?
뚫어져라 바라보아도 닮은 것 하나 없는 모습이건만
어찌 나로서 살아왔을까?
지난 몇 십 년의 삶에 헤아릴 수 없는 시간이 더해지니
미풍微風이 삭풍朔風 되어도 주변은 고요하기만 하구나.

한기 12년 3월 29일 2000년 5월 3일 22:12

나 자신 2

어깨 위의 중압감도 이제는 시원한 시냇물 소리와 같고
쫓기는 듯한 마음은 봄날 들녘의 햇살과도 같다.
변한 것이 있는가?
있다면 바로 내 마음이다.
어제의 육신이 오늘의 육신이건만
평온함에 안주하는 오늘의 나는 과연 나로서 존재하는가?
때로는 백발노옹白髮老翁이 나인지
먼 하늘 시선 둔 채 젊음의 열정을 품는 이가 나인지 알 수가 없다.

진실로 나란 과연 어디에 있는가?

한기 12년 4월 5일 2000년 5월 8일 13:12

천지天地 그 자체인 석문호흡

태성 엄마가 둘째 아이를 가진 이후로 아기에 대한 관심이 깊어지면서 우리 수련법인 '석문호흡'이 참으로 세상의 이치에 부합한다는 점을 새삼 느끼게 된다. 또한, 석문호흡의 이치가 세상 어느 하나 녹아들지 않은 곳이 없음을 알게 된다.

내 생각은 이렇다. 우리 수련은 크게 1부 기氣수련과 2부 빛수련으로 나눌 수 있는데 이렇게 연결해 보면 어떨까 싶다.

와식에서 양신까지의 1부 수련은 엄마 뱃속의 태아가 자라는 과정과 같고, 양신출신 이후부터 도통까지 2부 수련은 출산 이후 아이가 자라는 과정과 같지 않을까 하는 것이다. 와식을 통해 단전그릇을 형성하는 것은 정자와 난자의 결합으로 볼 수 있고, 좌식의 축기는 난자의 자궁 착상과 같으며 그 이후 태아의 형성 과정은 운기 수련의 모습과 같다. 사실 이러한 운기 과정이 또 하나의 생명이자 빛의 존재인 양신을 만들지 않는가?

이렇게 태아가 완전히 자라 형성되면 엄마 뱃속을 나오게 되는데 이 것을 우리는 '출산出産'이라 하고, 양신이 두정을 열고 나오는 것을 '출신出神'이라 하지 않는가! 갓 태어난 아기의 형상은 성장한 모습에 비해서 참으로 미숙해 보인다. 볼품도 없고 제대로 보지도 움직이지도 못하며, 세상이 무엇인지도 알지 못한다. 이는 우리가 처음 양신을 이루고 몸 밖으로 나가서 또 다른 생명체인 양신을 키우는 과정과 흡사하다.

아이가 두세 살이 지나면 조금 기기도 하고 걷기도 하면서 조금씩 행동반경을 넓혀 나가는데, 이를 우리는 2천도계 공부와 연관시켜 볼 수 있다. 처음 2천도계에 올라가면 어디가 어디인지, 이것이 무엇인지 앞에서 어른거리기는 하지만 정확히 그것이 무엇이고 어디에 사용하는지를 알지 못한다. 아이가 세상을 알려면 꾸준히 연습하고 탐험하고 노력해야 하듯이 2천도계 공부도 그러하다. 그러니 많이 노력하고 움직인 아이가 조금 더 폭넓게 접하게 되는 것은 당연한 이치가 아닐까?

이런 생각도 들었다. 사람을 구성하는 인체를 보면 마치 밤하늘의 별과 같다. 우리의 삼단전三丹田과 오심五心과 원혈原穴, 모혈募穴, 유혈溜穴 그리고 전신全身의 혈穴을 밤하늘에 반짝이는 별에 비유해 보면 어떨까? 왜냐하면 창조주께서도 무언가를 본따서 인간을 만들고 우주를 생성시켰을 것이기 때문이다. 즉 창조주의 몸 안에 우주가 있듯이 내 몸 안에도 우주가 있는 것이다. 이러한 관점에서 본다면 자신의 몸에 대한 우리의 힘은 온전하고 완전했을 것이다. 하지만 언제부터인가 그러한 힘신성을 잃어버렸을 것이다. 이것은 부모로부터 완벽히 독립한 아이가 부모의 유전자를 물려받기는 했지만 그것을 제대로 사용하지 못하는 것과 비슷하다.

그러나 아직 사용하지 못하고 있을 뿐이지 없는 것은 아니지 않은가? 우리는 앞으로 그것이 11천도계에 있음을 알게 될 것이다. 하늘도 여러 가지 방법으로 암시해 두었을 것이다. 『천서』에 적혀 있듯이 주역의 수리를 비롯하여 수많은 예언으로 내려오고 있다. 그런데 나는 창조주의 몸을 이어받은 우리의 몸속에도 그것이 내재되어 있지 않을까 생각한다.

육신을 이루는 근간은 1영一靈, 3혼三魂, 7백七魄이라는데 여기서 사용한 수리를 모두 합치면 놀랍게도 11이라는 수가 나온다. 왜 하나의 영靈에 3개의 혼魂과 7개의 백魄이 뒷받침이 되어야 하는지는 나도 정확히 모르며, 또한 한당 선생님께도 들은 바가 없다. 그러나 우리 생명의 근간인 1영一靈, 3혼三魂, 7백七魄은 우주의 비밀 중에서도 가장 중요한 하나가 아니겠는가 하는 것이 나의 짐작이다. 그간의 피상적인 영靈, 혼魂, 백魄 개념이 아니라 무엇인가 우주의 이치와 부합된 개념이 반드시 있으리라고 본다. 하나에서 만상이 나온 이치가 어찌 우주에만 있고 천지대자연에만 있겠는가? 우리의 몸, 바로 이 육신에도 그와 같은 이치는 깃들어 있을 것이다.

이 모든 것을 담고 있고, 찾아가며 얻게 되는 석문호흡수련은 참으로 천지天地 그 자체가 아닌가 한다.

한기 12년 4월 5일 2000년 5월 8일 22:34

도계 나이

도계 나이 이제 두 살배기라고 생각하니 마음이 한결 가볍다. 또한, 얼마 있으면 나올 둘째를 생각하니 절로 웃음이 나온다.

'그래, 지금도 내가 둘째처럼 허우적거리고, 울고, 아마 그러고 있는 거야.' 이렇게 생각하면 마음이 잔잔해지면서 행복감이 든다. 외로움과 공허함이 또다시 밀려오긴 하지만 한결 고요해진 것도 느낀다. 한밤의 말 없는 좌선으로 현현玄玄함에 녹아든다.

한기 12년 4월 7일 2000년 5월 10일 16:05

소리

시원始原을 알 수 없는 묵언默言의 세월 동안
애달프게 좋아했던 고요함의 침묵은 현현玄玄이런가.
여명의 까만 장막 걷히는 소리에 번뜩 오감을 세운다.
밝음이 다가오고 평온함이 살며시 밀려올 때
칠정七情은 여여如如함에 녹아 숨죽인 사물의 소리를 깨운다.
천변만화千變萬化하는 만상萬象이 녹는다.

한기 12년 4월 12일 2000년 5월 15일 11:36

일월日月

천지天地에 우뚝 솟은 일월日月에

한 가닥 심연心淵의 동아줄을 매달아

짙은 운무雲霧 속을 바라보니

사해四海에 용틀임이 일어

폭풍이 천지天地를 혼란하게 하지만

일심一心의 굳은 중지中志는

오히려 고요함에 젖게 하고

묵언행도默言行道로 아상我像을 멸滅함에

서기瑞氣가 스며들어 전신을 감싸니

일순간 현광玄光이 나투어

시종현현始終玄玄의 근원根源을 시視함은

일월日月이 처음 그 자리에 있었기 때문 아닌가!

한기 12년 4월 15일 2000년 5월 18일 **07:08**

주역

공자의 위편삼절韋編三絶

그 종終은 아니더라도 그 시始는 이해할 만하다.

자성自聲이 채우라 함에 응應함이 즐겁다.

한기 12년 5월 7일 2000년 6월 8일 12:28

무위無爲

과거 일갈一喝의 덧없음이

무위無爲의 변위變爲를 꾀하지 못해

까만 밤 고요함에 잠기지 못했다.

수없는 화려한 움직임이 부유하는 운무와 같은지라

단순함의 묘리를 담지 못했다.

빠르게 움직이는 형국에 여여如如의 충만함을 귀히 여기지 못해

고요함을 세월 속으로 흘러 보내버렸다.

묵언의 시간이 흐른 지금 무엇이 내게 남았는가?

혼돈은 고요함을 일으켜 세우고 만상은 무위를 안겨주니

여여의 충만함만 조용히 자리 잡게 했다.

이제 세월의 덧없음이 산들바람과 같으니 흥겹지 않을 수 없다.

한기 12년 5월 19일 2000년 6월 20일 16:45

집착, 신념 그리고 금강의 정신

2천도계에 승천하고 첫 원신합일을 하면서 얻은 심득이 여의무심$_{如意無心}$이었다. 여의무심은 무엇일까? 요즘 나의 공부를 더디게 하고 있는 것이 무엇일까 조심스럽게, 아주 깊게 성찰하면서 미처 알지 못했던 또 하나의 심고를 보았다. 이것은 어느 정도 심고의 오고감을 안다고 했던 내게는 참으로 새로운 충격이었는데 그것은 다름 아닌 집착과 신념, 그리고 금강의 정신과 관련된 것이었다.

10년 가까운 세월 동안 경계하고 초월하고자 했던 것들. 아직은 때가 아니었던 것이다. 순간 이 모든 것을 이루신 한당 선생님께서 한없이 크게 다가왔다. 어떻게 이 모든 것을 초월하실 수 있었을까? 제법 긴 침묵의 시간을 보내고 다시 처음의 그 자리로 돌아와 보니 여의무심의 명제가 바로 여기에 있었다. 집착을 끊는 것이 아니라 집착을 초월한 무욕과 굳은 신념, 그리고 금강의 정신이 바로 여의무심이라는 생각에 다다랐다. 무협만화에 나오는 어느 절정고수의 말처럼, 절정의 경지란 복잡하고 난해한 것이 아니라 오히려 지척에 있는 아주 간단하고 쉬운 것이었다.

초학자로서 시작했던 공부가 아홉 번의 성상星霜을 돌아 여기에 이르니 처음 그 자리에 그것들이 그대로 있었던 것이다. 수많은 복잡함과 난해함을 헤쳐 오면서 내가 얻은 것은 역시 처음의 그 하나였던 것이다. 이것을 깨달으니 또다시 고요해짐을 느낀다. 이 고요함이 귀일현묘歸一玄妙를 엿봄이리라.

한기 12년 5월 21일 2000년 6월 22일 19:44

고요함

달포 이상 보내 버린 부유浮流의 시간.
오고 감도 들고 남도 없었지만 지극함 또한 없었던 시간.
무엇을 위한 방황이었던가?

사지가 풀리고 피로가 물밀듯이 전신을 에워싸지만
알 수 없는 공허함이 운무와 더불어 창공을 채우니
무엇을 이리도 고독해함인가?

일갈일성일음一喝一聲一音을 모두 뒤로 하고
새벽 낙우 부스럭거리는 소리에 젖어
고뇌와 번민, 삼만 팔천 리 뒤로 하고
무르익은 다향에 우화등선羽化登仙하니
신선이로구나.

까만 밤 고요함만 따르는구나.

한기 12년 6월 6일 2000년 7월 7일 13:06

여인의 한恨 1

그간 집안에 일어났던 일련의 일을 종합해 보면 두 가지로 정리해 볼 수 있다. 첫째, 우리 집안은 참으로 전생에 지은 죄가 많나 보다. 둘째는 여인의 한恨이란 정말로 오뉴월에 서리를 내리게 할 정도로 강한 듯하다.

옛 말씀에 '여자가 한恨을 품으면 오뉴월에도 서리가 내린다'고 했는데 이상하게 '남자가 한을 품으면'이라는 말은 유래하지 않는다. 어떤 면에서는 여자가 그만큼 깊은 한을 품을 수 있다는 뜻이 되겠지만, 다른 면에서는 또 그만큼 서러움을 많이 겪었다는 뜻이지 않을까?

오늘 이 자리를 빌려 어떤 여인의 묵은전생 한恨에 대해서 집안을 대신하여 사과하는 바다. 지금까지 방관자의 입장으로 있었지만 이제는 하늘에서 허락한다면 진상을 철저히 조사해서 그 한恨을 풀어주는 데 심혈을 기울일 생각이다.

한기 12년 6월 6일 2000년 7월 7일 14:13

여인의 한恨 2

왜 내가 '여인의 한恨'이라는 표현을 했는지 궁금한 분들이 많으리라. 이것은 너무나 긴 이야기고 몇 년 전부터 시작된 일이기에 다 쓰기는 어렵지만 오늘 새벽녘에 있었던 이야기로 대신하고자 한다.

사건의 발단은 우리 둘째 형이 수련을 시작하고 소주천을 다 이루어 갈 때쯤이었다고 기억한다. 그때 형은 어떤 여인의 싸늘하고 날카로운 시선과 얼음장 같은 얼굴 때문에 수련하기가 두렵다고 했다. 처음에는 수련 중에만 그 여인이 보이다가 나중에는 일상생활 속에서도 보였는데, 이상하게도 다른 사람에게는 안 보이고 꼭 둘째 형에게만 보이는 것이다. 더 이상한 것은 그 즈음 서울에 계셨던 큰 형수도 작은 형이 보았던 그 여인과 비슷한 여인을 본 것이다. 이후로 큰 형과 작은 형 집에 여러 일이 있어났다. 그때 한당 선생님의 도움으로 잘 마무리되었는데, 얼마 전부터 아들 태성이가 자꾸 귀신 이야기를 하는 것이 아닌가!

처음에는 대수롭지 않게 들었는데, 아이가 며칠 동안 여러 번 같은 말을 되풀이하고 어두운 곳에 가지 않으려 하기에 뭔가 이상하다고 생각해서 잠시 집안의 기운을 둘러보았다. 특별히 이상한 것은 발견하지 못했지만 왠지 마음이 개운하지 않았다. "내 집에 귀신이라니." 얼마간 믿을 수 없는 마음도 있었다.

그로부터 며칠이 지나 어머니께서 갑자기 소변을 못 보신다는 연락이 와서 기운을 불어넣어 드렸는데, 이상하게도 계속 소변을 못 보셨다. 그럴 리가 없는데 싶었지만, 그래도 혹시나 싶어 원신합일해서 어머니께 잠시 찾아갔다. 그런데 이것이 웬 일인가? 그전에도 여러 번 형 집에 들렀지만 그때는 미처 느끼지 못 했던 어떤 이상한 기운이 느껴져서 둘러보니 집에 한 여인이 있지 않은가! 적당히 내치고는 치료를 잠시 해드리고 돌아와서 한 시간 후에 형에게 전화를 하니 소변을 조금 보긴 봤는데 영 개운하지 않다고 하셨다. 형에게 그러면 녹차를 드려보라고 했다. 하지만 녹차는 어머니께서 드시지 않으신다 해서 어쩔 수 없이 그 다음날 병원에 모시고 가서 치료를 받으시게 했는데, 소변은 200ml 정도 밖에 나오지 않았고 방광이나 기타 다른 이상은 전혀 없었다.

또 며칠이 지난 오늘 새벽, 이번에는 내가 꿈을 꾸었다. 아주 괴이한 꿈이었는데, 꿈이 끝날 즈음 옆자리에서 태성 엄마가 신음하고 있어

잠을 깨우니 꿈을 꿨다고 했다.

물어 보니, 꿈에 태성 엄마가 빨래를 널려고 베란다로 갔는데 바퀴벌레같이 생긴 것들과 전갈 비슷한 것들이 있었다고 했다. 먼저 전갈처럼 생긴 것들을 잡아서 칼로 꼬리 부분을 자르고 머리 부분은 내버리려 하는데, 아들 태성이가 바퀴벌레 같은 것을 입에 물고 씹고 있었단다. 태성이를 야단치고 내 군청색 양복을 널려고 하는데, 어떤 여인이 나타나서 내 양복을 째려보더라는 것이다. 그 순간 태성 엄마에게 그 여인의 마음이 읽혀졌는데 나를 무척 싫어하더라는 것이다.

내 꿈은 어땠을까? 나는 꿈에서 온갖 사악한 무리를 물리치며 굴복시키고 있었다. 그런데 무리 중에서 유독 한 여인만 기를 쓰고 내게 달려들었다. 도무지 상대가 안 되는데도 계속 공격하기에 손짓 한 번으로 연옥에 가둬 버렸는데, 이 여인은 가둬진 상태에서도 계속 나를 저주했다. 꿈에서도 내 성격대로 완전히 소멸시키려하니 나에게 굴복당한 어떤 사내가 내 발목을 잡으며 "이 정도만 하는 것이 좋지 않겠소?"라고 했다. 그 말도 일리가 있다 싶어 멈추니 이제는 어떤 어두운 기운이 이 사내를 범하려 하는 것이 아닌가! 보다 못해 그것을 쫓아버리니 그 기운은 고양이 형상이 되면서 달아났다. 그리고는 꿈이 끝났다.

내 꿈과 태성 엄마 꿈을 살펴보니 공통점은 바로 한 여인이었다. 그리고 놀랍게도 여인의 인상은 작은형과 큰형수가 말했던 모습과 비슷했다. 그 여인이 자신의 뜻대로 되지 않자 마지막으로 나를 찾아오지 않았나 싶은 생각이 들었다.

수련을 시작한 지 1년쯤 되었을 때, 한당 선생님께서는 우리 집안이 어려운 것은 집안 대대로 내려오는 업業과 가족 구성원 각자의 업業을 풀고 있기 때문이라고 하셨다. 아직 그 업이 다 풀리지 않은 것일까. 하늘이 허락한다면 그동안 방관했던 입장에서 벗어나 상세히 알아보고 마무리를 지을 참이다. 물론 부드럽게 마무리를 지으려면 지금보다 공부가 더 깊이 되어야 할 것이다. 그러기 위해서는 수련에 매진해야 한다. 이렇게도 생각해 보았다.

'하늘에서 수련 좀 열심히 하라는 말을 이렇게도 하는구나. 요즈음 조금 멍하게 있었더니.'

무엇부터 써야 할지 난감한 상태에서 쓰다 보니 글에 두서가 없다. 이 내용이 내게는 참으로 부끄러운 일일 수도 있지만 이런 일도 있었다는 것을 알림으로써 공부의 안목을 넓히려 한다.

몇 년 전, 아마 삼성동 본원 시절인 듯하다. 한당 선생님과 차를 먹으며 이런저런 도담을 나누다가 문득 도계이야기가 나왔는데 도계 공부의 어려움을 말씀하시면서 이렇게 표현하셨다. "숨이 턱턱 막히니라." 화들짝 놀라는 나에게 온화한 표정으로 또 말씀하시기를 "너무 놀라지 마라, 내가 있지 않느냐? 내가 거기에 갔을 때는 아무도 없었기 때문에 더 힘들었을 뿐이다."라고 하셨다. 그 날이 과연 올까 싶어 갸우뚱했던 그 시절이 앞산의 더운 바람이 뒷산의 찬바람에 밀리듯 세월이 지나 이렇게 현실이 될 줄이야! 오늘 오랜 시간 까맣게 잊고 있던 한당 선생님의 말씀이 다시 떠올라 가슴에 되새겼다.

참으로 하늘은 그 비밀을 단순하게 보여 주지는 않는구나! 길고도 지루한 여정, 사막의 열사熱沙에 숨이 턱턱 막히지만 내게는 꿈이 있다. 여기에 의지마저 태산이다.

잠시 숨 돌리고 뒤돌아보니 웃음이 절로 난다.

한기 12년 6월 25일 2000년 7월 26일 19:29

단상

우리가 풍류로써 즐기고 공부의 심득을 얻기 위해 운용했던 갖가지 심기운용법心氣運用法에 이름을 붙여 주어야 하지 않을까 하는 생각이 예전부터 있었다.

오늘 문득 심기운용법 중 하나인 '원거리 심기운용법'을 조금 더 정제된 표현으로 명명한다면 어떻게 부르는 게 좋을까 생각해 보았는데 결론은 다음과 같다.

1) 원거리 심기운용법 → 무시법無示法
2) 근거리 심기운용법 → 유시법有示法

무시법이란 기운을 발경發勁하는 행위가 보이지 않는 운용법을 말하고, 유시법이란 기운을 발경하는 행위가 보이는 운용법을 말한다. 예를 들면, 장掌으로 기운을 쏘는 등의 기氣운용은 유시법에 해당되고, 심기운용할 대상이 앞에 있어도 신체 일부를 사용하지 않고 기운을 쏜다면 이는 무시법에 해당된다.

그리고 우리가 기氣를 운용할 때 사용하는 기운을 무협풍의 단어로 총칭한다면 '무형강기無形强氣'라 할 수 있는데, 이 표현을 넣어서 정식으로 명명한다면 다음과 같이 정리할 수 있다.

1) 원거리 심기운용법 → 무형강기 무시법無形强氣 無示法
2) 근거리 심기운용법 → 무형강기 유시법無形强氣 有示法

이를 줄여서 쓴다면 '무시법'이나 '유시법'으로 혹은 '무형강 무시법', '무형강 유시법'이라 해도 될 것 같다. 물론 이는 전적으로 나만의 생각이고 조금 무협풍의 어감이 없지 않으나 '원거리 심기운용법'이라는 단어를 대체하여 품격 있게 쓸 수 있는 것 같기에 지어 본 것이다. 무더운 여름날, 잠시 생각에 잠겨 보았다.

한기 12년 7월 5일 2000년 8월 4일 11:34

보이지 않는 공부

여름이라는 계절.
동시다발적이고 입체적인 심고, 여유 없는 몸놀림 그리고 무거운 마음. 언제부터인가 좋아하게 된 천둥치고 비 오는 날. 무거운 마음에 처지기만 하는 육신을 의지라는 것으로 일으켜 좌정하여 수련에 들어가 보지만 대지로 침잠하기만 하는구나!

하늘에서 또 한 번 상승의 기회를 주건만 막막함을 넘어 무거운 마음이 앞을 가린다.

언젠가는 정리해야 하는 마음, 언제부터 마땅히 그럴 것이라 생각했던 마음. 이제 차분히 이것저것 구름을 걷어내고 고요함으로 빠져야겠구나! 정체된 듯한 시간 속의 공부가 정신을 풍요롭게 하니.

한기 12년 7월 8일 2000년 8월 7일 12:41

순수함 1

TV에서 '천사와의 사랑'이라는 영화를 봤다. 별다른 것이 없었지만 무언가 와 닿는 것이 한 가지 있었다. 그것은 바로 '순수함'이었다. 천사의 출현으로 벌어지는 사람들의 욕심과 주인공이 보여 주었던 순수한 마음을 보면서 순간 나를 돌아보게 되었다.

도道를 닦고 펼치는 나의 마음은 어떠할까! 10년 가까이 품어 왔던 이 질문을 다시 되뇌게 된다. 혹시 본래의 내 뜻과 마음이 흐려진 것은 아닐까! 그 경계에서 좌우를 돌아보는 내 모습이 보인다. 본래의 순수함으로 돌아가자.

한기 12년 7월 8일 2000년 8월 7일 12:52

반성

어젯밤 그러니까 정확히는 오늘 새벽이다. 오랜만에 한당 선생님과 차를 함께 했다. 선생님께 그간의 고뇌 중 한 가지를 털어놓았다. 그러면서 수련에 대해서 여쭈었다. 선생님께서는 한번 살펴 보자시며 정좌하시고는 이내 말씀하셨다. "도계에 올라가야 진전이 있지. 하지 않는데 무슨 수로 나아가리." 순간 세 개의 빛무리가 보이고 '쿵' 하는 소리가 들렸다.

깜짝 놀라 일어나 보니 꿈이었다. 진전이란, 하지 않고 바라기만 하는 사람에게는 구름과 같음을 다시 한번 가르쳐 주시지 않는가! 비록 그간 이런저런 일이 마음을 부유하게 했다고 하지만, 정신이 흐트러지고 의지가 약해졌음을 반성한다.

한기 12년 7월 19일 2000년 8월 18일 **13:40**

풍류

궁을ㄱ乙ㅣ양신에 몸을 실어 하늘에 올라 아리따운 선녀들과 물놀이로 몸을 씻고 입궁하니 성문도 나무도 예와 달라진 것이 없더라. 격세지감이라. 오랫동안 고향 떠나 다시 찾은 심정이 이러한가! 이리저리 돌고 돌아 아주 오랫동안 알아온 이를 만나니 참으로 반가움에 가슴이 저린다.

지난 한두 달 제대로 찾지 못한 송구함 때문이었을까! 만나 서로 어루만지며 반가움을 표하고, 옥로탕과 한음탕에 이어 옥로주를 들이키니 좌우에 있는 문무백관 앞에 우뚝 서서도 호연지기 사그라지지 않고, 베풀어진 주연에 취기마저 올라 시선을 위로 하고 한번 웅크렸다 기개를 펼치니 운무에 튼 나의 보금자리 신비함만 가득하더라.

백년의 왕후장상이 어이 부러우리.

한기 12년 7월 19일2000년 8월 18일 **16:52**

가만히

그간의 침묵을 깨고 공부가 이어짐에 자랑하고자 들어가 풍류라 칭하고 한 수 올렸지만, 올리고 돌아보니 고요함만 남는다.

이것마저 덜어내니 한없이 차분해진다.

한기 12년 7월 23일 2000년 8월 22일 17:16

다시 본 그곳

한줄기 빛 따라 올라간 그곳,
밝은 빛무리 속 웅장하게 자리 잡아
사뿐히 운무에 내려앉았네.

내 언젠가 찾아갔던 그곳인지
처음엔 몰랐지만 지나가는 나그네에게
들은 그 말이 감회를 새롭게 하는구나.

그때는 안으로 들지도 못하고 쫓겨났건만
이번에는 하얀 종이까지 받아들고 환대를 받고
나와 보니 눈에 익지 않은 궁宮이 앞을 가로막는다.

분명 내 궁宮은 아닌데 누구의 궁宮인가!
궁宮을 지키는 존재에게 물어 보니 정겨운 이름이 들리는구나.
하늘에서 그 사람의 보금자리를 볼 줄이야.

마음이 새로워 안으로 들어가니
마치 기다리기라도 한듯 반겨주네.
무엇으로 표현하리, 이 즐거움을.

상석을 내주기에 마지못해 앉아
피어나는 은은한 다향에 취해 한잔을 들이키니
그 맛은 못 느껴도 흥은 가시지 않는구나.

몇 마디 주고받고 아쉬움을 뒤로 하고 문을 나서니
지상의 그 사람 눈에 선하더라.

그래, 이제 멀지 않았구나, 천상에서 사제 간의 정을 풀 날도.
만약 우리가 천상에서 저 먼 은하수를 건널 수 있다면
사부님을 만나 뵙고 엎드려 절하고
지나온 시간을 낙숫물에 띄우면서
해 지고 뜰 때까지 거나하게 취해보리라.

운무에 우뚝 서서.

한기 12년 7월 26일 2000년 8월 25일 13:06

섭리

한당 선생님을 만나 선가仙家에 몸을 담은 지 10여 성상星霜이 되어 간다. 많은 것을 배우고 얻고 체득하면서 항상 느끼는 것은 빈틈없는 하늘의 섭리다.

매번 그와 같은 섭리를 경험할 때면 숙연해진다. 이번에도 역시 예외가 아니었다. 두 달간의 심고와 공백, 그 끝에 찾아온 고요함, 그리고 이어진 일련의 사건. 이제 또 다른 공부를 접하면서 다시 한번 한당 선생님과 하늘의 신명들께, 나의 원신께 진심 어린 감사의 마음을 드린다.

한기 12년 8월 2일 2000년 8월 30일 12:55

경험

혹자는 선가의 공부를 막연하다고 한다. 혹자는 선가의 공부가 신비로워 일반인이 접근하기 힘들다고만 한다. 내가 생각하기에 후천의 도법은 그렇지만은 않은 듯하다. 10년 전만 해도 평범한 사람이었던 내가 이런 말을 할 수 있는 것으로 볼 때 말이다.

우리는 석문호흡의 공부를 말할 때 간혹 이렇게 한 마디로 요약한다. '경험에 의한 공부'라고 말이다. 바로 이 경험이 막연함과 신비함으로만 가득 차 있던 선가의 공부를 일상의 공부로 드러내 주었다.

며칠 전 본원에서 아주 이채롭고 새로운 경험을 했다. 수련 중이나 꿈속이 아니라, 현실세계에서 다른 사람들과 함께 했던 경험으로 바로 '접신'에 관한 것이었다. 인간의 몸에 그렇게도 많은 귀신이 접신될 수 있다니 놀라웠다. 인간의 세포 하나마다 영靈이 하나씩 접신될 수도 있다는 한당 선생님의 말씀을 듣고 보면 당연한 일이지만 말이다. 그날 생생한 현장 학습을 통해 신비로운 부분이지만 또 한 가지 능력을 부여받은 셈이다.

이것이 바로 '경험'이라는 두 글자가 내게 가져다 준 체득이다. 석문호흡을 알리려는 사람들은 반드시 이 '경험'을 즐겨 언급하기를 바란다.

또한 석문호흡을 공부하는 사람들은 우리 공부가 막연한 것이 아니라 모두 경험에 바탕을 두고 있음을 상기하고, 자신도 그러한 경험을 할 수 있음을 염두에 두어야 한다. 나 또한 이러한 경험이 심력을 한층 더 강화시키는 계기가 되었다.

한기 12년 8월 3일 2000년 8월 31일 14:22

이게 꿈일까

"이제 양신은 버리고 원신으로 행하라. 양신은 2천도계에 승천하는 도구로만 사용하면 되느니라."라는 한당 선생님의 말씀이 있으셨던 지난 주말 이후로 요즈음은 궁宮의 보좌신명들 얼굴을 익히느라 좀 분주하다. 오늘 새벽도 도저히 떠지지 않는 눈을 억지로 뜨고는 수련을 하기 위해서 군 제대 이후로 하지 않았던 높은 포복 자세로 방을 나왔다.

피로가 아직 풀리지 않은 듯 노곤함이 전신을 엄습했지만 왠지 모르게 수련을 해야 한다는 생각에 조금은 늘어진 몸을 추스리면서 차츰 정신을 차린 후에 세수를 하고 녹차를 내어 먹으며 자세를 잡았다.

양신을 2천도계에 승천하는 도구로만 사용하는 것에 익숙해지려 했지만 처음이라 그런지 쉽지가 않았다. 요 며칠 여기에 적응하느라 수련이 왠지 어색하다.

도계에 승천하여 여러 보좌신명을 모아 놓고 "차나 한잔 하세." 하며 좌중을 포근하게 이끌었다. 흘러가면서 중간중간 보이는 얼굴들. 여전히 그 주변은 정확히 보이지 않고 보이는 얼굴 또한 정확하지 않았지만 처음부터 잘되는 것이 더 이상한 것이라 생각하며 조금씩 여기에 적응하려고 노력했다. 이렇게 저렇게 생긴 얼굴들, 음성만 들리고 보이지 않는 신명들. 각양각색의 특성을 접하면서 지상의 인간들과 비슷한 점도 많다는 사실을 깨우친다.

'하기야 내가 아직 이야기를 나누는 수준이 많이 떨어지긴 하지.' 신명들이 들려주는 말을 정확하게 다 알아듣지는 못한 채 찻잔만 여러 번 비운 후 지상으로 내려왔다.

눈을 뜨고, 여전히 남아 있던 차를 마저 먹고는 앉아있던 자리에 그대로 누워 버렸다. 마치 조금 밖에 알아듣지 못하는 외국어로 외국인과 이야기를 나누었을 때처럼 멍해졌기 때문이다.

'내 욕심이 조금 지나쳤나.' 이런 생각도 들어서 그냥 조금 쉬기로 했다. 그런데 내가 또 다시 천상에 승천하여 그들과 다담을 나누고 녹차를 먹고 있는 것이 아닌가. 이번에는 제법 말도 통하는 것 같았고 이거저것 많은 이야기를 알아듣기도 했다. 그새 조금 더 진척되었구나 하고는 그들과 헤어져서 지상으로 내려와 눈을 떠 보니 내가 누워 있다가 일어나는 것이다. 분명 나는 도계에서 담소를 나누었는데 이것이 꿈인지 생시인지 모르겠다.

한기 12년 8월 3일 2000년 8월 31일 19:57

네 가지 마음

선가의 공부를 닦음에 있어 네 가지 마음을 가슴에 두어야 한다. 첫째가 부동심 不動心이고, 둘째가 항상심 恒常心이고, 셋째가 무상심 無像心이며, 넷째가 평상심 平常心이다. 이 네 가지 심력이 자신을 가득 채운다면 능히 여의무심 如意無心을 득했다 할 만하다.

이리하면 공자의 '인능홍도 人能弘道, 비도홍인 非道弘人', 즉 '사람은 능히 도 道를 키울 수 있지만 도 道가 사람을 키우는 것은 아니다'라는 말씀처럼 도 道의 중심에 스스로 우뚝 설 수 있을 것이다.

한기 12년 8월 4일 2000년 9월 1일 13:56

흐름 1

천변만화한 천지의 흐름에 마음이 부합되기에는 아직 부족함인가! 지난 한두 달 혼란할 정도로 가슴을 아프게 하고는 한 겹 벗겨지더니 불과 얼마나 되었다고 또 마음을 심란하게 한단 말인가.

양파의 껍질 같은 겹겹의 마음이라지만 이리도 두꺼웠단 말인가. 요즈음은 아예 중주中珠에 무엇이 박혀 있는 듯하다. 이것이 정리되면 또 한 겹 벗겨지겠지만 숨 돌릴 틈을 주지 않는구나.

수없이 많은 성찰에 성찰이었지만 또 다시 자성自省의 시간으로 들어가야 할 것 같다. 이번에는 무엇으로 나를 가르칠지, 한편으로는 그 배움에 흥미가 일어나기도 한다.

한기 12년 8월 8일 2000년 9월 5일 19:08

절차탁마 切磋琢磨

절차탁마 切磋琢磨로 시작해서 절차탁마로 끝나는 우리 수련.

도계공부를 하면서 끝없이 느끼는 것은 한 번보다는 두 번이, 두 번보다는 세 번 승천하는 것이 역시 낫다는 것이다. 수련에 있어 이것은 만고불변의 이치인 듯하다. 몸을 개운하게 하는 행공과 운기복습을 마치고, 좀 더 생생하게 양신과 몸 안의 공간감을 느껴 보고자 천천히 양신을 찾아 충분히 느끼면서 살펴보았다. 몸속 공간 또한 그렇게 충분히 느끼면서 천천히 두정으로 나아갔다. 참으로 고요한 여정이었다.

두정 밖으로 나왔으나 오늘은 왠지 바깥 풍경이 상 像으로 어리기만 할 뿐 정확한 촛점이 맞추어지지 않았다. 그 순간 절차탁마의 부족함을 느끼면서 향후 수련에 대한 생각의 변화를 겪었다. 심한 난시를 가진 사람들만이 알고 있을 그런 기분을 느끼면서 흐릿하게 보이는 지상을 뒤로 하고 도계로 향했다. 승천하는 중 도안 道眼이 아직도 마음에 들 정도가 아니라는 생각을 잠시 하면서 해결할 방법을 찾아야겠다고 마음먹었는데, 그런 생각을 하면서 승천해서 그런지 늘상 보던 나의 궁宮이 아니라 어떤 숲 같은 곳으로 가게 되었다.

앞서 말했듯이 아직 도안이 부족하여 항상 전체를 다 볼 수 있는 것이 아니기에 어떤 때는 부분만 보기도 한다. 또 어떤 때는 조금 흐리게, 또 어떤 때는 제법 정확하게 보는 수준이다 보니 보이는 장면을 전체적으로 그릴 수가 없다. 이것이 현재 내 공부의 수준이고 한계다. 물론, 꾸준히 연마해서 뛰어넘어야 할 것이다.

오늘은 마치 지상의 대나무처럼 생긴 나무에 탐스러운 복숭아 빛으로 밝게 빛나는 몇 개의 열매 같은 것이 보였다. 평소에 영약을 좋아하는 별로 좋지 않은 개인적으로 생각하기에 습관을 여전히 극복하지 못한 탓에, 조금도 주저하지 않고 따서 먹어 버렸다. 물론 그것을 먹으면 도안이 조금 나아질 것이라는 음성이 들리긴 했지만 그 존재를 느끼지는 못했다. 그 음성은 뒷전으로 하고 다른 것을 또 먹는 데만 집중했던 것이다. 부끄럽다는 생각이 든 것은 먹을 만큼 다 먹은 후였다. 이미 먹어 버린 후이긴 하지만 죄송함을 품어 보았다. 그러나 그런 죄송함 속에서도 이율배반적인 마음이 올라왔는데, 그것은 '또 먹을 것이 없나' 하고 이리저리 살피는 참으로 덜 닦인 나의 식탐이었다.

마음껏 먹고 나니 이제는 물이 마시고 싶었다. 어디 물이 없나 살피니 때마침 옹달샘 비슷한 샘이 보이기에 다가가 손으로 떠마셨다. 사실 아직 맛을 깊이있게 느끼지는 못해서 그 물과 열매들이 무슨 맛인지는 잘 모른다는 점이 아쉬웠다. 그런 가운데 한 가지 신기한 것도 있었다. 샘물을 마시다 보니 물 안에 밝은 구슬 같은 것이 보였다. 물 밖으로 건져내니 이상하게도 까맣게 보였다. 마치 포도처럼 까만 구슬이었다. '이게 왜 이렇지' 하고 고개를 갸웃거리다가 그냥 먹어 보기로 마음먹고 한입에 넣었다. 물론 맛은 알 수 없었다. 대략 그 곳의 풍치風致를 다 둘러본 후에 원신이 있는 곳으로 향했다.

이럴 때 나는 거의 공간이동을 하듯 움직인다. 아직은 천천히 도계를 즐기며 다니지는 못하지만, 앞으로는 여유롭게 다니며 경치를 한 번 즐겨 볼 생각이다. 보이는 장면들이 도계인지 지상인지 구분이 안 되던 찰나지간에 원신의 모습이 보였다. "스스로 정리해야 한다."는 한당 선생님의 말씀을 가슴에 간직한 나는 원신을 뚫어져라 쳐다보았지만 오늘따라 이상하게 더 초점이 안 맞춰졌다. "그대로 있으면 좋겠습니다."라고 청을 하면서 다시금 머리에서 발끝까지 두루 살펴보니, 왕관과 옷은 대략 파악이 되는데 역시 이목구비가 한눈에 들어오지 않았다. 또 한 번 절차탁마의 부족함을 느끼는 순간이었다. 원신에게 방금 전에 내가 먹은 것이 무엇인지, 지금 와 있는 곳이 어떤 세계인지 물어보려다가 조금은 답답하기도 해서 그냥 내려왔다. 오늘 밤 다시 올라가서 그것이 무엇이었는지 한번 물어볼 생각이다. 물론 아주 상냥하고 친절하게 물어 볼 것이다. 그렇다고 대답을 듣는다는 보장은 없겠지만 말이다.

얼마 전 어느 도반이 왜 요즘은 도계 이야기를 자세히 안 쓰냐고 물었다. 마침 이번 수련은 후학들이 공부를 하는 데 특별히 방해가 될 만한 경험이 아니기에 오랜만에 한번 올려 본다. 그러나 후편은 기대하지 말기를 바란다.

한기 12년 8월 12일 2000년 9월 9일 19:19

선가공부

가만히 생각을 해 보니 선가의 공부는 '기백보氣百步에 심일보心一步'라, 기氣를 통한 백 가지 경험이 마음의 껍질을 한 겹 벗겨내는 것이 아닐까 싶다. 이런 관점에서 본다면 역시 성명쌍수性命雙修ㅣ심기쌍수心氣雙修가 아닌가. 수도에 뜻을 두고 있는 사람은 성찰을 게을리해서는 안 되리라 생각한다.

한기 12년 8월 18일 2000년 9월 15일 14:21

한 말씀 듣고

새벽의 그분이 누구신지 궁금했는데, 우연히 단동에서 한당 선생님을 뵈어 조심스럽게 여쭈니 한 말씀 내려 주셨다. 내가 2천도계에서 익혀야 하는 공부는 뒤로 하고 3천도계에 승천하기를 기대한다고 일갈一喝하셨다. 이번에는 따스함을 느꼈다. 내 부모에게서나 받을 법한 그 따스함. 이것이 어찌 나에게만 이겠냐만은 그래도 내게는 색다르게 느껴진다. 그래, 말씀대로 지금부터라도 절차탁마해서 한당 선생님과 하늘을 실망스럽게 하지 말아야겠다. 이제는 내 자신을 반성하는 것이 부담스럽지 않고 스스로 돌아보는 성찰이 즐겁다.

이렇게 자성하면서 꾸준히 수련하다 보면 도통의 그날이 내게도 현실로 다가오지 않을까.

한기 12년 8월 21일 2000년 9월 18일 19:42

삼시三時

병법에 이르기를, 일을 행함에 있어 세 가지 때를 살펴야 한다고 했다. 첫째가 천시天時고, 둘째가 지시地時며, 셋째가 바로 인시人時다. 도道를 닦고 펼치는 데도 이 삼시三時가 중요하지 않을까.

고요함이 소리 없이 다가오니 은거隱居의 즐거움을 느낀다.

한기 12년 8월 24일 2000년 9월 21일 **13:43**

출사표

출사표. 조금 거창한 듯하지만, 사실 그렇게 거창한 이야기를 하려는 것은 아니다. 다만 수도하고 펼치는 내 마음을 한 번 더 크게 다지려는 나만의 실천일 뿐이다.

2천도계의 원신으로부터 권한을 하나씩 넘겨받으면서 문득 이런 생각이 떠올랐다. 도계의 내 궁宮과 지상에서 내가 관리하는 도장을 단일체제의 두 가지 운영체계로 통합해 보면 어떨까. 실무진들에게 가볍게 일러놓고는 천상에 올라 좌우의 신명들을 모아놓고 내 뜻을 전했다. 앞으로 나와 원신의 교감도를 높여 이것을 잘 정착시켜 보기로 했다. 물론 여기에는 약간의 어려움이 있다. 아직 나는 2천도계에서 나와 내 궁宮의 소임과 역할, 한계선을 충분히 알지 못한다. 다만 도통을 하기 위해 거치는 과정이라는 것만 알고 있는 상태에서 과연 어디까지 계획이 현실화될지 모르겠다. 게다가 아직도 불안정한 나의 도안도 문제다. 어제 어떤 할아버지를 따라 무지개 위를 걷듯이 올라가니 거대한 궁宮이 나왔다. 그곳에서 이 부분에 대해 아쉬움을 토로했지만, 역시 나의 절차탁마가 부족하다는 것으로 귀결되고 말았다.

"본좌本座는 아직 무엇을 어떻게 해야 하는지 모른다. 그대들이 부족한 나를 위해 지금까지 많은 노력을 해 왔음을 안다. 본좌의 게으름으로 아직 그 요체를 파악하지 못하고 있으니 그대들이 나를 돕기를 바라노라. 이에 오늘 내가 그대들에게 주연을 베풀어 지상의 도인들처럼 곡차를 나눌까 하니 마음껏 즐기기를 바라노라."

절차탁마의 부족함을 스스로 느꼈기에 오랜만에 격식을 차려 좌우의 신명들에게 곡차를 내려 주연을 베풀었다. 그러던 중 하늘로부터 한 줄기 거대한 서광을 받았는데 특별한 능력이 깃든 빛 같았다. 빛을 통해 힘을 얻고는 잠시 정신을 가다듬고 원신에게 나머지 일을 부탁한 후 지상으로 내려왔다.

나의 출사표는 그 첫째가 수련에 대한 것이다. 이제는 더 이상 한당 선생님께도 하늘의 신명들에게도 심려를 끼치지 말아야겠다.

한기 12년 8월 24일 2000년 9월 21일 14:37

행성인

예전에 한당 선생님께서 "행성인우주인이 존재하지만 사람처럼 육신을 가지고 있는 것이 아니고 영체와 같으며 크게 세 종류가 있다."고 하셨다. 그 말씀을 들으면서도 왠지 현실감이 느껴지지 않았다. 아마 내가 겪지 않았기 때문이었을 것이다.

어제는 지난번과는 또 다른 모습의 신명 할아버지를 따라 마치 무지개를 타고 날아가듯이 2천도계의 나의 궁宮에서 더 위로 올라갔다. 할아버지께서는 어마어마하게 큰 궁宮을 보여 주면서 이리저리 구경시켜 주고는 많은 말을 했다. 나 또한 이런저런 아쉬움을 토로하면서 정겨운 시간을 보내고는 그분이 인도하는 빛을 타고 내려오는데, 얼마를 내려갔을까. 갑자기 우주 비슷한 것이 보이더니 조금 지나 발광체가 보이기에 잠시 들어가 보았다.

그냥 '들어간다'라고 마음을 먹으니 자연스럽게 들어가게 되었다. 내부를 둘러보니 인간과는 다른 생명체 두 명이 나를 반기듯 인사하는 것이 아닌가. 이들은 이티E.T.처럼 생겼는데 귀와 귀 사이에 두 개의 안테나가 벌레의 더듬이처럼 솟아 있는 것이 특이했다.

순간 당황한 나는 "여기가 어디입니까?"라고 물었고 그들이 무어라 말했는데 '우주선'이라는 뜻이 내게 전달이 되었다. "그런데 왜 이리 큽니까?"라고 또 물어 보니 행성인이 말하기를 "행성과 행성간의 이동선이 아니고 우주와 우주를 여행하는 용도인지라 그렇습니다."라고 뜻을 전했다. 우주선이 마치 하나의 도시를 통째로 넣어놓은 것처럼 웅장했기 때문에 물어본 것이다.

마침 한당 선생님께서 예전에 우주선을 조정해 봤다고 하신 말씀이 기억나서 운전을 해 봐도 되냐고 하니까 그렇게 해 보라 한다. 운전 방법은 물어보지 않았다. 한당 선생님께서 말씀하시길 "그냥 생각대로 움직이더라."라고 하셨기에, 조정대처럼 보이는 곳에서 마치 양신을 조정하는 듯 내 마음대로 우주선을 움직여 보았다. 그런데 갑자기 우주선이 휘청거리면서 바깥 풍경이 정신없이 흔들려 보이기에 당황하여 아무 말 없이 도망치듯 나와 버렸다.

오는 도중에 또 다른 궁宮들이 보이고 지상에서 낯익은 얼굴들이 연상되기에 여기가 그들의 궁宮인가 보다 하고 나름대로 생각하고는 다시 내 궁宮으로 내려와 버렸다. 사실 도중에 본 그 궁宮들은 이상하게도 빛이 바랜 것처럼 어둡게 보여서 왠지 들어가 보고 싶지 않았다.

이야기를 하다 보니 내가 그동안 얼마나 무책임하게 도계 공부를 했는지 알 것 같다. 2천도계에 분명 지상의 도서관 같은 곳이 있는 줄 알면서도 그곳의 책임자 얼굴만 보고는 한 번도 가 보지 않았다. 또 2천도계에 글이 있는지 알아볼 생각도 가지지 않았다. 부끄러운 일이다. 이제부터라도 정신을 차리고 공부에 임해야겠다.

한기 12년 8월 29일 2000년 9월 26일 **13:48**

생활의 변화

한당 선생님의 진중한 가르침을 받은 이후 여러 가지로 생각이 깊어졌다. 시간에 쫓기고 절차탁마가 부족했음을 진심으로 반성한다. 또한 스스로 그 부족함을 알면서도 은근히 도움을 바랐던 것도 깊이 뉘우친다.

"길을 제시하고 이끌어 주는 것은 나의 몫이지만, 걸어가는 것은 바로 네 자신이 해야 하는 것이니라."

10년 가까이 들어온 말씀이지만 또 듣고 보니 여전히 만고진리라는 생각에 가슴이 벅차올랐다. 6신통을 배우지 못해 한편으로는 안타까웠지만 또 한편으로는 알 수 없는 기쁨과 충만함이 내면을 가득 채웠다. 역시 스스로 얻어야 한다는 강한 내면의 의지를 느꼈기 때문이다. 한당 선생님께서도 홀로 그 길을 스스로 구하셨고 또한 깨우치셨듯이 나 또한 그러한 길을 걸어가야 하리라 마음먹었다. 물론 그릇의 차이로 사뭇 힘겨움이 있겠지만, 할 수 있는 최대한 노력을 해야겠다고 마음먹는다. 그래서 결론을 내렸다. 도계의 생활을 지상으로 내리고 지상의 생활을 도계로 올리기로. 24시간 그렇게 생활해 볼 생각이다. '힘들면 가능하게 만들어 헤쳐 나간다'는 좌우명대로 지금까지처럼 그랬듯이 불가능에 다시 도전해 볼 생각이다.

잔잔한 미소와 함께 고요함에서 오는 충만감을 느낀다. 충만함이 가을의 미풍을 타고 내 가슴으로 스며들어 오니 가을 들판 속에 휘날리는 낙엽을 보며 한가득 풍류를 일으킨다.

한기 12년 8월 29일 2000년 9월 26일 14:09

만추 滿秋의 즐거움

들판의 곡식이 고개를 숙이고
하나둘씩 낙엽이 거리를 채울 때면
멀리 떠나온 고향 생각에 북녘하늘을 바라보니,

파란 하늘은 사뭇 높고 구름은 창공을 가로질러
석양을 향해 뉘엿뉘엿 넘어가니
애처로움이 은은한 난향 어둠 속으로 숨어들 듯하다.

어두운 밤에 시린 듯 빛나는 별무리는
어느덧, 고요함을 부르고 한 마리 송학의 울부짖음이
맑은 정신을 가득 채워 그 어둠의 현묘를 더한다.

밤은 이미 짙어 초생달의 엿봄이 창문을 두드려
내 의식의 불꽃을 태우니
한 마음 이쪽과 저쪽이 쓸쓸함과 즐거움의 차이였음이라.

한 마음 비워내고 아쉬워 내다본 하늘은
미소 짓는 하얀 눈망울로 나를 바라보니
순간 저 멀리 풍악소리 들려 흥이 절로 즐거웁다.

피안이 저 멀리 있지 않았구나
바로 내 곁이로다.

한기 12년 9월 2일 2000년 9월 29일 16:11

부끄러움

삼생三生의 연緣이 있어
큰 스승님 만나 도법 전해받길
10여 성상星霜
천재일우의 기회가 주어져
천상에 올라 그 시원을 엿보기 시작했으나
부족함이 대해를 덮고 남아 우주를 감싸니
어찌 고개 들어 하늘을 우러러볼 것인가.

우매함이 깊어 그 우매함조차 인지하지 못함에도,
하늘은 장강의 이어지는 물결처럼
어루만져 거두어들임이 어머니 품결 같으니
이 또한 하심下心의 묘리妙理를 보임이라.
찰나의 틈바구니에 끼인 때를 섬광같이 없앤다 한들
이 어찌 보은報恩이라 할쏜가.

다만 내 앞가림한 것일 뿐.

한기 12년 9월 9일 2000년 10월 6일 09:14

반은 속세 속에

수도를 한다고 멋을 부리지만 삶의 터전을 떠난 사람은 아닌지라 세속의 이런저런 흐름에 몸이 매이기도 한다. 혹자는 우리를 반半 수도자에 반半 생활인이라고 하지만 어찌 보면 그 근원은 하나일 뿐이다. 기氣라는 것이 본래 하나이나 그 성향으로 음양을 나누는 것과 같은 이치로, 나의 근본은 수도하는 학인이지만 살아가는 모습이 음양으로 나누어져 원만한 조화를 이루는 것이 아닌가 한다. 왜 이런 생각을 하는가 하면 작은 일이 하나 있었다.

태성 엄마가 둘째 아이가 나올 것 같은 징조를 느껴 병원에 문의하니 입원 준비를 하고 오라고 하여 급히 서둘러 함께 병원을 간 적이 있다. 그런데 산도가 조금 열렸지만 지금 당장 나올 것 같지는 않고, 둘째 아이니 배가 아프면 그때 다시 병원으로 오라는 것이다. 그 순간 나는, 천상을 오르내리며 마치 세속을 크게 벗어난 듯하다가 갑자기 속인처럼 긴장한 내 모습을 성찰하며 약간의 푸념을 늘어놓았다. 그러면서도 도인은 오히려 겉보기에는 평범한 존재처럼 살아가야 하지 않을까 하는 생각이 가슴속 깊숙이서 배어나 무언가 알 수 없는 즐거움이 일어났다.

출산을 눈앞에 둔 태성 엄마 때문에 이번 체육대회는 참석하기 힘들게 되었고, 나 아니면 산후조리를 도와 줄 사람이 없기에 이번 달 실무진 연수도 상경하기 힘들게 되었다. 그러나 수도를 하면서 생활인으로서도 나름대로 최선을 다하는 나의 향기가 싫지는 않다. 도道의 근간이 멀리 이상세계에만 있는 것이 아니기에.

한기 12년 9월 11일 2000년 10월 8일 22:59

선도 仙道

선도仙道란 역순逆順함을 즐겨하지 않고, 천지간의 섭리에 순응함을 좇는다. 자연스러움이란 무엇인가? 꽃 필 때 꽃 피고, 꽃 질 때 꽃 지는 것이 아닐까.

이런 관점에서 본다면, 선도의 청명함을 좇아 온다는 도문은 약간의 모순 속에 있다. 지난 몇 년간 각종 행사 때마다 와야 할 비가 오지 않았고, 지나갈 태풍을 돌렸으니. 우리는 때때로 그것은 선도에 대한 인식이 신비로움에 가려져 있어서 오히려 그 근간인 도道를 뒷전으로 하는 상태라 말로써 진법을 펼침에는 한계가 있었다고 말한다. 지난날의 이러한 특별하고도 예외적인 흐름이 오히려 자연스러운 일로 자리매김되면서 조금씩 조금씩 석문호흡 수련자들의 가슴속에 알 수 없는 믿음이 높아져 갔다.

그러다 이 믿음에 대한 걱정이 싹트기 시작했다. 수련에 대한 순수한 믿음이 아닌 맹목적인 믿음, 이성적이지 못하고 신앙처럼 생각하는 믿음, 어떤 존재에게 의존하고자 하는 믿음이 보였기 때문이다.

이적異蹟과 같은 것들은 석문호흡을 수련하는 개개인에게 알 수 없는 자긍심과 자부심을 주기도 했지만, 수련에 불필요한 편협한 사상도 그만큼 고개를 들기 시작하니 이제 우리는 지금까지 있었던 예외적인 흐름을 정상적인 흐름으로 돌릴 필요가 있다.

그것이 자연스러운 순리이기 때문이다.

이제는 도문 행사에 비가 오고 바람이 부는 것을 비정상으로 받아들이지 말고 자연스럽게 받아들여야 할 때다. 우리 의식이 그 만큼 성장했고 그 만큼 깊은 도道의 세계를 접하고 있지 않은가. 이제 새롭게 도道의 세계에 눈 뜨는 분들도 수도修道란 도道가 근간이지, 도력道力이 근간이 아님을 인식하기 바란다. 도력이란 심득에 의해 자연스럽게 부수적으로 득得하는 것임을 인식하자.

체육대회를 돌아보며 개인적인 소견을 적어 보았다.

한기 12년 9월 12일 2000년 10월 9일 09:05

고_苦

수도를 행하는 사람이든, 그렇지 않은 사람이든 인간으로 태어나 삶을 살아가다 보면 여러 가지 어려움이 있기 마련이다. 그러나 고_苦에 대처하는 방식에서 수도자와 그렇지 않은 사람은 조금 차이가 있다. 그 차이란 바라보는 관점의 차이이고, 또한 받아들이는 마음의 차이이며, 해결하는 운신의 차이다.

일반 사람들은 어떤 어려움에 직면하면 어려움의 이유를 밖에서 먼저 찾지만, 수도자는 안_內, 즉 자신의 내면에서 먼저 찾는다. 우리는 이를 '자성_{自省}한다'라고 하며 자성을 통해 고_苦 속에서 가르침을 찾으려 한다. 그래서 일반 사람들이 외부로 눈을 돌려 혼란스러워할 때, 수도자는 조용히 자신을 직시하고 이 어려움의 원인이 어디 있는지를 들여다보면서, 마치 단전을 관조하듯 한 걸음 뒤로 물러선 상태에서 자신을 돌아보는 것이다.

이러한 여유가 자신으로 하여금 새로운 것을 보는 눈을 갖도록 한다. 이러한 눈이 스스로 긍정적인 생각을 하게 만들고, 그러한 긍정적인 사고는 모든 것을 조금씩 바꾸어 놓는 시초가 된다.

마지막으로 일반 사람들은 고(苦)를 막연히 피하려고만 하고 쉽게 지나치려 하지만, 수도자는 고(苦)를 무서워하지 않고 과감하게 정면으로 부딪쳐 나간다.

삶을 살아가다가 부딪치는 어려움에는 반드시 원인이 있기 마련이다. 그 원인을 조금씩 소멸시키면서 정면으로 부딪쳐 나간다면 고(苦)가 과연 고(苦)이겠는가. 하늘을 원망하거나, 주변을 원망하거나, 자신을 비하하거나, 전생의 업으로만 돌리지 말고 생로병사의 어려움을 과감히 뚫고 나아가야 한다. 삶의 역경은 본래 내재되어 있는 것이기 때문이다.

한기 12년 9월 18일 2000년 10월 15일 08:37

첫 대면

둘째 아이를 하늘의 축복 속에 안아보고 이런 저런 일을 처리한 후 새벽에 잠자리에 들었다. 새벽 3시. 전화소리에 화들짝 놀라 받아보니 정겨운 목소리가 들렸다.

"저예요, 진의 사제입니다."

전화를 받고 많은 이야기를 한 것 같은데 비몽사몽간에 기억이 나지 않는다. 그러나 한 마디는 기억할 수 있다. '서울로 올라오라'는 한당 선생님의 말씀을 전해준 것이다. 태성 엄마 퇴원도 시켜야 하고 조리원에 데리고 가서 등록도 해야 하는데 몸이 하나로는 부족하구나 싶었지만, 이리저리 서둘러 일을 처리하고 진주에서 부산까지 비상 깜박이를 켜고 질주했다. 간신히 비행기를 타고 서울로 올라가니 사람들의 움직임이 부산했다.

조금 있으니 진의 단사가 왔다. 몇 가지 일을 한당 선생님과 여러 실무진이 같이 처리한 후, 한당 선생님의 배려를 받았다. 바로 한당 선생님 원신과 내 원신의 첫 대면을 허락하신 것이다. 처음 겪는 일이라 그런지 의외의 자세와 말이 내 몸과 입에서 나왔다. 주변 시선이 자꾸 의식되어 자꾸 바닥으로 조아려지는 머리를 약간씩 의식적으로 조절하려다 보니 몰입력은 조금 떨어졌지만, 감격과 영광스러움은 이루 말할 수 없었다.

그러나 역시 나의 원신이 너무 어려워하며 시선을 자꾸 바닥으로 내리는 바람에 한당 선생님 원신의 형상을 보지는 못했다. 그래도 약간의 소득이 있었다. 첫째는 직접 주시는 곡차穀茶를 받았고, 둘째는 도안이 한 겹 벗겨졌다는 것이다. 물론, 스스로 수련이 부족했음을 반성하면서 죄송한 마음이 가슴 가득했지만, 그래도 도움을 받는다는 것은 그렇게 나쁘지 않았다.

그래, 스승과 제자가 어디로 가겠는가! 어제도 오늘도 내일도 바로 그 자리에 있는 것인데, 유구한 세월이 흐른다 해도 변함이 없는 것인데. 이제는 죄송하고 부끄러운 마음을 걷어내고 다시 심기일전해서 소리 없이 꾸준함을 보일 때가 아닌가 한다. 아무 말씀 없이 내려주신 한당 선생님의 배려에 깊은 감사를 드린다.

한기 12년 9월 20일 2000년 10월 17일 18:33

이천지심득 二天之心得

여의무심如意無心의 심득은 겉[表]에 있는 것이 아니라 역시 그 속[裏]에 있었다. 2천도계를 공부하면서 겉으로만 돌았던 지난 반년을 생각해 보니 참으로 어리석었음을 크게 뉘우치게 된다.

우리 수련은 어떤 단계를 공부하든 그 단계의 기본적인 이치를 먼저 득得하는 것이 중요하다. 2천도계 공부 또한 자신의 원신을 제일 먼저 파악하고, 그 다음 자신의 궁宮을 자세히 파악해야만 한다. 이것이 속이고 그 외의 나머지는 겉임을 잊지 말자.

겉에 뜻을 두는 자者 그 씨앗을 보지 못하니, 거목이 어디에 있을까!

한기 12년 9월 23일 2000년 10월 20일 13:37

생활

아직 2천도계를 다 체득하지는 못했지만, 도계의 여러 체득이 점점 생활화되면서 이제는 오히려 당연하게 받아들여진다. 도안이 조금 불안해도 매번 도계를 오르내리는 가운데 더 이상은 걱정하지 않게 되었다. 물론, 아직 공부해야 할 것들이 많이 남았지만 예전처럼 신비함을 좇는 마음은 많이 없어졌다.

성숙한 것일까? 그러나 마음은 무겁고 고뇌는 깊다. 요즈음에는 정말 아무것도 몰랐을 때가 어쩌면 더 좋지 않았나 하는 생각이 가끔 든다. 막연했던 것이 현실 속에서 일상화되면서, 또 내가 해야겠다고 막연하게 다짐했던 것이 이제는 그렇게 해야만 하는 필연으로 다가오니 어깨가 무거운 것이다.

"한당 선생님께서도 아마 이러셨을 거야."라는 말을 입에 달고 사는 요즈음이다. 산만하고 가볍게 운신했던 시절을 돌아보면서 반성하고 뉘우치며 하루를 보낸다. 깊어가는 고요함을 느끼고 세월의 무게를 느끼면서 내가 해야 할 일이 점점 뚜렷해지지만, 아직은 뜬금없이 하늘만 쳐다보고 있다. 내 개인에 대한 우려와 걱정은 사라진지 오래이나 여전히 가슴이 허전한 것은 역시 도道를 닦기 때문이리라.

하늘은 나를 어떻게 쓰실 것이고, 또한 나는 어떻게 따를 것인가.

한기 12년 10월 1일 2000년 10월 27일 10:14

심득지초입心得之初入

"삼라만상의 이치를 깨우치면 천년의 세월이 한낱 티끌과 같다."

조용히 다가와 충격적으로 나의 마음을 흔들어 놓았던 말이다. 어느 고고한 책 속의 말도 어느 성인의 말도 아닌, 평범한 대중 서적 속 가상의 인물이 했던 말이지만 내게는 무겁고도 가벼운 어떤 의미를 던져 주었다.

그 글을 보는 순간 2천도계에 입천했을 때 원신으로부터 받았던 여의무심如意無心, 그리고 언중도력言中道力이라는 말도 떠올랐다. 머리가 무척 맑아지는데 가슴은 여전히 답답했다. 무언가 알 것 같았지만 아직은 안개가 끼어 있는 듯했기 때문이다. 잠시 생각에 잠겨 위의 문장을 수 없이 읽고 또 읽으면서 되새기는 순간 '왜 무심여의無心如意가 아니고 여의무심如意無心이었을까'라는 생각이 들었다.

왜일까?

이는 '마음이 가는대로 되는 경지인 여의如意'를 뛰어넘어야 '무심無心'의 경지에 이르기에 그러한 것이 아닐까? 그리고 이 무심의 경지가 바로 시원始原의 그곳, 현玄의 신비를 지닌 어둠의 공간이 아닐까? 빛을 지니되 밝지 않아 아직 드러나지 않음으로써 무궁한 현묘玄妙를 가지고 있는 그곳. 그렇다면 선가의 궁극적인 도력, 최고이자 최후의 도력이라 할 수 있는 언중도력言中道力은 바로 무심無心으로 가기 전 여의如意의 세계가 아닐까!

물론 완전한 언중도력은 무심의 그곳까지 초월한 경지에서 흘러나오겠지만, 언중도력의 시작은 여의무심如意無心에서 온 것이다. 그래서 나는 이 여의如意가 위의 문장과 깊은 연관이 있음을 확신에 가깝게 느끼고 있다.

즉 여의如意는 유심有心에서 무심無心으로 넘어가면서 일어나는 찰나에 부딪치는 마음의 벽이 만든 고리를 끊으면서 생기는 힘[力]이고, 무심은 바로 그 상태인 도道를 의미함이 아닐까? 여기에서 나는 시간時間, 상象, 념念, 망望, 욕欲의 기존 개념에 매달려 있었던 것이다.

이러하여 나는 하나의 깨우침을 얻었다. 그런데 아직 가슴이 답답함은 무엇 때문일까. 그것은 아직 앎일 뿐이지 온몸에 각인된 체득과 심득이 아닌 상태에서 오는 공허함 때문이리라. 공부의 방향을 제시해 주신 하늘에 감사드리며 깊이 용맹정진해야겠다.

한기 12년 10월 18일 2000년 11월 13일 11:44

시름

한시름 일어나 하늘 우러러 보니
반보半步의 움직임도 없이 고요함만 가득해
주변 살펴보니 혼란함이 난무하더라.
번민이 마음 적시고, 울적함이 추풍낙엽에 옷 벗은 나무와 같아
홀로 고요히 젖어 들어가니 이 또한 나의 잘못인가?
씁쓸한 웃음 뒤로 하고 가슴에 충만한 호연지기 잠시 거두니
허함이 창공을 가득 메운다.
하늘은 나에게 무엇을 말함일까?
깊은 시름에 빠지노라.

한기 12년 10월 18일 2000년 11월 13일 11:53

결자해지 結者解之

본래의 청명함이 한 티끌에 잠시 빛을 감추었던 것이니
스스로 자성해서 갈고 닦음이 지극하다면 본 빛을 되찾지 않을까?
자의든 타의든 일이 그렇게 일어나 움직인 것에는
나 또한 책임이 없지 않으니 결자해지가 닦음의 처음일지라.
이제 오랜 시간 마음의 어둠과 짐을 벗어 버리고
천년의 시공을 뛰어넘어 번뇌와 시름의 뿌리를 일소하리….

한기 12년 10월 18일 2000년 11월 13일 **12:10**

심득중입 心得中入

한시름 벗어 심중의 억눌림을 추풍에 날려 보내니
번민이 저기에 있었음인가? 가벼이 여겨지더라.
천년의 시공을 초월함이란 무엇인가?
한 티끌 닦음에서 나오는 것이니,
이는 천년의 시공 또한 여기에 기인함이라.

"하나에서 만상萬象이 나오고, 만상에서 천변만화千變萬化의 움직임을 이끌었으니 천변千變과 만화萬化도 한 티끌 벗음에서 일어나는 것이라. 이는 공空의 움직임이라. 한 시時와 한 공空은 한 빛에 있더라."

한기 12년 10월 20일 2000년 11월 15일 **15:48**

여노사 如老思

길지 않은 생生을 산 동자童者의 몸이건만

마음은 이미 고희古稀를 넘은 노자老者인양

우추경雨秋景에 마음을 접어본다.

스산한 추풍秋風 대지를 메우고

떨어지는 낙엽, 심향心鄕으로 인도하니

두고 온 노모老母 생각에 흑모黑毛가 절로 하얗게 변한다.

아아! 구구久久이 이어져 온 천년의 시공時空을 초월한들

이 마음 어찌하리오!

한기 12년 10월 20일 2000년 11월 15일 16:02

심득 心得 2

'우주삼라만상의 이치를 꿰뚫으면 천년의 시공은 한낱 티끌과 같다.'

이 또한 여의무심如意無心과 다르지 않음을 안다.
다만, 고요함이 무심無心으로 일어나 여여如如하기만 하다.

한기 12년 10월 25일 2000년 11월 20일 **12:30**

고독 孤獨 1

홀로임을 안 그날부터, 까만 밤

시리듯 빛나는 그 무수한 별들도

마음을 불태우게 하지는 못했다.

광명을 비추던 창공의 태양도

스산한 우추雨秋의 심경은 어찌 하지 못했다.

아아! 누구도 어찌 하지 못하는

이 고독孤獨의 시원은 어디서 오는 것일까?

저 하늘, 까만 공간에 시선만 가득하다.

한기 12년 10월 25일 2000년 11월 20일 19:27

6신통

어제 마산 축구쇼에서 한당 선생님께서는 "수련에는 '절실함과 노력'이 있어야 한다."라고 말씀하셨다. 사실, 2천도계 공부를 마무리하면서 언제부터인가 나에게 절실함이 부족했음을 반성한다. 한당 선생님께 원신과 100% 합일할 수 있도록 도움을 받은 이후로 수련 방향에 공백이 생겼는데, 마침 이 시기에 둘째가 세상으로 나왔다. 뚜렷한 방향성이 없던 차에 몸과 마음이 바빠지다 보니 자연스레 나태함이 고개를 들기 시작했고, 수련도 느슨해졌던 것이다.

'이러면 안 되는데!' 마음의 반성이 강하게 일어나던 찰나, 마침 그런 말씀을 해 주셔서 '절실함'이란 단어가 내 가슴에 깊숙이 파고들었다. '그래, 무언가 하나가 빠진 듯한 느낌이었는데, 절실함이 부족했던 것이다.' 반성은 새로운 힘을 일으키고 초겨울의 움츠림에서 벗어나게 한다.

그간의 공부는 어떠했을까?

한당 선생님께서 이르시길 "6신통六神通을 공부해야 2천도계의 공부를 마무리 할 수 있다."고 하셨다. 그런데 어떤 식으로 6신통을 공부해야 될지 아무 가르침도 받지 못했다. 2천도계에 승천해서 원신에게 물어도 대답해 주지를 않았다. '왜 대답이 없을까?' 많은 날을 고뇌하지 않을 수 없었다. 어느 날 문득, 혹시 내가 6신통을 이미 조금씩 깨우치고 있는 것이 아닐까 하는 생각이 들었다.

6신통 공부가 따로 있는 것이 아니라 2천도계를 알아가는 과정에서 자연스럽게 접하고 터득하게 되는 것이 아닐까 하는 생각이 든 것이다. 6신통 중 신족통神足通은 말 그대로 시공을 자유자재로 넘나들 수 있는 것인데, 이는 양신을 이루고 도계에 올라 이곳저곳을 돌아다니다 보면 자연 터득하게 되는 것이다. 그렇지 않으면 원하는 곳을 갈 수 없기 때문에 운신에 제약이 따르고 더 이상 수련의 진전이 없다. 그렇다면 지금 나는 신족통을 조금은 시전施展하고 있다고 봐야 한다. 다만, 아직 그 묘미에 깊게 접근하지 못했을 뿐이다.

이 또한 '거거거중지 행행행리각去去去中知 行行行裏覺'이 아니겠는가!
천안통天眼通, 천이통天耳通은 하늘의 눈과 귀를 가져 만사를 꿰뚫을 수 있고 들을 수 있을 뿐만 아니라 하늘의 움직임이나 소리마저도 알고 들을 수 있음을 말한다.

이 또한 어느 정도는 하고 있다. 숙명통宿命通은 과거나 전생을 알 수 있는 것으로 아직 불완전하지만 역시 조금은 하고 있고, 타심통他心通은 다른 사람의 마음을 꿰뚫어본다는 것인데 이것도 조금은 하고 있지 않을까 싶다.

끝으로 누진통漏盡通의 일반적인 의미는 숙명에서 벗어남을 의미한다고 알고 있다. 그런데 나는 이미 2천도계에 올라 천의天意에 따르고 있으니 숙명에서 조금씩 벗어나고 있는 게 아닐까 한다.

예전에 한당 선생님께 듣기로 2천도계의 6신통은 부단히 갈고 닦아야만 얻을 수 있지만, 이 또한 각 도계를 승천하면서 그 도계의 차원에 맞는 6신통을 득得하게 된다고 하셨다. 그렇다면 현재 나는 6신통을 연마하고 있으며 이것을 더 갈고 닦아서 더 높은 차원의 6신통으로 올라갈 필요가 있는 것이지, 안 하고 있다고 말할 수는 없는 것이다.

그래서 2천도계에서 원신에게 6신통에 대해 물었을 때 대답을 안 했던 것은 이미 조금씩 하고 있었기 때문이다. 우리가 '6신통'을 특별한 무언가 있는 것처럼 선을 그어서 거기에 마음이 얽매이지 않았나 싶다. 그렇다면 더 이상 굳이 찾아나설 필요도 없지 않겠는가? 기존에 내가 하는 것을 좀 더 개발하고 발전시켜 정리해 나가면 되는 것이니 말이다.

한기 12년 10월 25일 2000년 11월 20일 19:40

알 수 없는 인물

오늘 수련에서는 갓을 쓴 중년의 사람들이 많이 보였다. 나의 전생들이었을까? 명확히 판단하기가 어렵다. 또, 산 정상에 천연 연못 같은 것이 보였는데, 거기에 머리를 하얗게 산발한 채 지팡이를 들고 있는 할아버지 한 분이 있었다. 여기가 어디냐는 내 질문에 "나의 의식의 세계다."라면서 따라 오라고 하기에 연못 속으로 따라 들어갔다.

이후로 수많은 영상들이 내 앞을 스치면서 몸의 불순물이 빠져나가는 듯한 느낌을 받았다. 일종의 정화작용이 아니었을까 싶다. 한참 후에 그곳을 빠져나온 나는 어떤 열매를 먹고 깨어났다.

요즈음 이상하게 지팡이를 들고 머리를 약간 산발한 채 도道를 닦는 수도자의 모습을 한 할아버지 한 분을 자주 본다. 왜일까? 2천도계의 원신처럼 강렬한 동질감은 못 느껴도 친근감은 느낄 수 있었다. 그래서 누구인지 물으니 그냥 웃기만 한다. 여러 가지 상황으로 보건대 아직 3천도계의 원신을 만난 것 같지는 않은데, 왜 내 질문에 대답을 하지 않을까?

절실함을 가지고 수련에 임해서 이러한 의문들을 해소할 생각이다.

한기 12년 10월 26일 2000년 11월 21일 13:33

심마心魔

오늘 뜬금없이 한 가지 현상을 접했다. 내용부터 말하면 다음과 같다. 오전에 도장에 출근해서 차 한잔을 먹으면서 도계에 승천하기 위해 잠시 눈을 감았다. 그동안 계속 나타났던 하얀 백발과 긴 수염에 지팡이를 든 할아버지 한 분이 또 보였다. 누구시냐고 물으니 자신이 바로 '나'라고 하면서 합일하라기에 합일을 시도했더니 합일이 되는 것 아닌가! 합일한 후 크게 한 번 웃고는 구름을 타고 어디론가 큰 궁宮으로 날아갔는데, 그 궁宮은 기존의 2천도계와는 달리 서양식 궁宮이었다. 조금 의아하면서도 혹시나 하는 생각에 지상으로 내려왔다가 다시 2천도계에 올라 좌우 보좌신명들을 불러모았다. 자리에 앉으니, 이들이 모두 "대공大功을 이루신 것을 축하드립니다."라면서 "이제는 이곳에 거하지 말고 위에서 거하셔야 합니다."라고 말하는 것이 아닌가! 순간 내가 그러면 3천도계에 올랐단 말인가 하는 생각이 뇌리를 스쳤다. 약간은 어리둥절했지만, 용기를 내어서 한당 선생님께 여쭈어 봐야겠다 싶었다.

한당 선생님과 통화를 한 후, 스스로의 급했던 마음을 탓하지 않을 수 없었다. 한당 선생님 말씀은 아주 간결했는데, 내가 잘못 알았다는 것이다. 결론적으로 그 모든 것은 내재된 내 마음이 만든 것이라는 뜻으로 받아들였다. 이 정도로 마음이 급했는가, 스스로 반성하지 않을 수 없다.

심마心魔!

스스로 심마에 빠졌던 것이다. 아아! 이 공부가 한 마음의 작용에 따라서 이런 현상도 생기는구나. 스스로 자중하고 자성할 따름이다.

한기 12년 11월 2일 2000년 11월 27일 13:00

원신의 전언 2

지난 주말 한당 선생님의 배려로 내 원신을 타인의 몸에 실어, 나에 대한 지상에 있는 나 진중한 비판의 소리와 걱정스러운 말들을 듣게 되었다. 지상에서 내 육신을 가지고 타인의 몸을 통해서 또 다른 나 원신를 만나는 것이 처음이라 그런지 기분이 아주 묘했다. 많은 사람이 모여 있던 자리에서 공개적으로 쓴소리를 들었음에도 나는 알 수 없는 기쁨을 느꼈다.

내가 줏대가 없어서 그럴까?

그렇지는 않다. 내 스스로 그 말을 충분히 수긍했기 때문이고, 또한 그것을 인정하면서 또 한 차원 상승한 마음을 다지는 순간 미지의 힘을 얻었기 때문이다. 우리 공부는 참으로 진솔하지 않으면 하늘에 닿을 수 없는 공부다. 사실 나라고 해서 내 어둠을 숨기고 싶은 욕구가 왜 없겠는가? 하지만 오래전에 나는 그것을 포기했다.

왜냐하면 감추는 것이 드러내는 것보다 더 어렵다는 것을 깨달았기 때문이다. 그날 이후 나는 참으로 알 수 없는 뿌듯함과 충만함, 고요함을 느낀다. 비판은 들었지만 고요해지는 이 이해하기 어려운 섭리의 오묘함이란!

이제 조금 더 여유를 가지고 도계 공부 자체를 하나의 풍류로 생각하고 즐기면서 깨우치기로 했다. 아니, 이미 그렇게 하고 있다. 그리하니 한결 편안하지 않은가! 운무雲霧가 일고 사라짐에 진붉은 뒷산은 여전히 고요함만 가득하다.

한기 12년 11월 2일 2000년 11월 27일 **13:07**

초월 超越

이제는 겉멋을 뛰어넘어 무형無形의 풍요로움을 즐기고 싶다.
이제는 억지의 깨우침을 뛰어넘어 자연스러움을 만끽하고 싶다.
이제는 자리를 뛰어넘어 무유無有의 한가함을 누리고 싶다.
내게 있어 초월超越이란 무엇일까?

고요함만 남는다.
본래 있었던 그대로.

한기 12년 12월 13일 2001년 1월 7일 23:33

관조

둘째 현지가 태어난 지 벌써 3개월이 다 되어 간다. 자식은 내리 사랑이라 했던가? 딸아이에 대한 마음이 깊어 도계에 승천하는 것을 뒤로 할 정도로 부산을 떨다 보니 많은 것을 미루어 두게 되었다.

이제는 생활이 다소 안정을 찾기도 했고, 방긋 웃는 딸아이와 철없이 놀이에 몰입하고 있는 큰아들 태성이를 보고 있노라니 문득 한 생각이 강하게 일어났다. 내 代에서 끝을 내야 한다. 내 代에서 생로병사에 따른 인간의 고뇌와 번민의 과정을 끝내야 한다. 그런 굳은 마음이 일어났다. 하늘이 나에게 자식을 주고 그 자식이 출생해서 성장하는 것을 지켜보는 즐거움과 넉넉함을 준 것은, 바로 하늘의 섭리를 지상의 인간들에게 알리어 그 조화로움이 지상에 꽃피게 하기 위해서가 아닐까 한다.

소중한 아이들을 지켜보고 있노라면 참으로 경이롭지 않을 수 없고, 하늘을 찬양하지 않을 수 없다. 도道를 추구하는 학인으로서 더 이상의 중지가 어디 있겠는가! 잠시의 게으름이 있었다. 이를 부인하지 않겠다. 그러나 이대로 세월 속에 놓아 두지 않을 것임을 다짐한다.

고독할 것만 같았던 나의 길에 사실은 수많은 기쁨과 감사와 축복이 함께 하고 있었음을 새삼 느꼈다. 한당 선생님을 비롯한 가르침을 주신 모든 분들께 감사의 마음을 드린다. 또 한 걸음 나아가자!

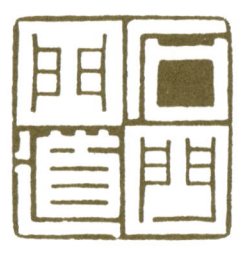

같이 함께 더불어
석문도문

天光天路

한기 13년

2001년 1월 24일 ~ 2002년 2월 11일

한기 13년 1월 9일 2001년 2월 1일 16:12

시時

삼시三時 | 천시天時·지시地時·인시人時 란 운신運身의 시始요, 종終이 아닐까? 언제부터인가 알게 된 이것을 따르기 위해 참으로 오랜 시간 침묵 속에 있었다. 그 침묵의 고요함이란 달리 비교할 말이 없다.

삼시의 조화가 어우러져 가고, 하늘의 변위가 발현되기 시작함에 나도 이제 조금씩 행보를 맞추어야겠다. 현현玄玄의 고요함은 아직 미치지 못했지만 서서히 용틀임을 해야겠다. 올해는 안으로 수련에 몰입하고, 밖으로는 천명天命을 따라 해외로 시선을 두리라.

이것이 아마도 첫걸음이 아닐런지.

한기 13년 1월 14일 2001년 2월 6일 14:52

운무 雲霧 1

바람이 일고 구름이 움직인다.
동풍인가, 서풍인가?
이리저리 휘날리는 먼지들도 그 운행이 있음인데
구름이야 어떠할까?

아아! 기나긴 세월 속에 초롱 들고
바늘 없는 낚시, 운무 속에 드리우고 사방에 팔방을 돌아봄은
아마, 이 바람을 기다렸음인가?
나 홀로 적막함에 들어 고요함을 품는다.

한기 13년 1월 22일 2001년 2월 14일

도담도답 | 한당 선생님의 수련체험기

안녕하세요. 좋은 아침입니다. 잠시 들어왔다가 한당 선생님과 관련된 글이 있어 몇 마디 보충 설명을 드릴까 합니다.

한당 선생님을 10년 가까이 모신 제자 청월이라고 합니다. 현재 경남 진주, 삼천포 지원장으로 있습니다. 아래에 '파계승'이라는 아이디를 쓰는 분이 한당 선생님의 수련체험기를 말하고, '과유불급'이라는 아이디를 쓰는 분이 그에 대해 언급한 내용을 보았습니다.

『천서』라는 책이 있습니다. 그 『천서』가 바로 한당 선생님의 수련체험기입니다. 한당 선생님께서는 1988년에 도통하신 후 당신의 수련 과정을 녹음기에 하나하나 녹음하셨습니다. 수련 중에 겪으신 여러 가지 경험 중에서 세인에게 알려야 할 부분과 수련지로修練指路에 필요한 부분만 체계적으로 엮어서 1991년 한 권의 책으로 편찬하셨는데, 그것이 바로 『천서』입니다.

만약 한당 선생님의 수련체험기가 필요하시면 『천서』를 한 권 구입하셔서 보시기를 바랍니다.

'과유불급'이라는 아이디를 쓰는 분이 언급한 책은 한당 선생님께서 『천서』에 언급하시지 않았던 부분을 다시 다루려고 하시다가, 아직 시기적으로 이르다고 판단되어 중단하신 것으로 알고 있습니다.

한기 13년 1월 29일 2001년 2월 21일 **12:22**

연然

언제나 생각하는 것이지만 자연스러움이란 무엇과도 견줄 수 없는 편안함과 여유로움을 가져다 준다. 도계 공부를 시작한 이후 처음 맛보는 '연然'이 아닌가!

이제는 누군가에 대한 부담감도, 스스로에 대한 자책감도 많이 내려놓아 오직 하나만이 살아 있는 자유로움을 느낀다. 항상 초심으로 용맹정진만을 생각하는 나의 순수함에 스스로도 웃음을 지으며 고요함도 함께 느낀다. 만약 지금 3천도계에서 나를 부른다면 정중히 거절하겠다. 한동안은 이렇게 지금의 공부에 충실할 생각이다. 2천도계가 충실하지 않으면 3천도계에서 겪을 번뇌는 눈덩이처럼 불어날 것이고, 나는 그것을 감당할 자신이 없다.

수련에 대한 나의 목표는 오직 하나, 닦고 펼침에 있을 뿐이다. 그런 충실한 하루하루가 이어지다 보면 언젠가 그 어느 날, 그토록 바라는 곳에 가 있지 않을까. 3천도계로 빨리 승천하려는 것이 오히려 공부를 더디게 할 수 있다면 지금 이런 내 마음이 타당하리라 생각한다. 앞만 보고 가는 수련의 어리석음은 예전에 이미 깨닫지 않았는가.

이 여유와 자연스러움을 마음껏 누리자.

한기 13년 2월 5일 2001년 2월 27일

수련이란

수련을 통해 도道의 극의極意에 도달하기를 갈망했던 선천先天의 수많은 수도자들은 단순히 호흡조식법을 통한 연공법練功法만으로는 성명쌍수性命雙修를 이루기 어려움을 깨닫고 뭔가 부수적인 방법을 모색하게 되었다. 이에 수많은 좌도左道와 방문傍門이 나오게 되었고, 또한 수많은 편법도 나온 것이다.

그중 하나가 바로 수련할 때의 방향과 시간 그리고 자리에 대한 언급이다. 전혀 의미 없는 것은 아니지만, 후천의 수련 방식은 진법을 가릴 수 있는 안목과 수련을 하는 정성된 마음, 자신의 노력과 의지가 더 중요하지 않을까 한다. 이것이 도문에서 말하는 자시子時 23:30~01:30의 의미나 국선도의 인시寅時 03:30~05:30보다 본질적으로 더 중요한 것임을 알아야 한다.

나머지는 꾸준히 수련을 하다보면 체득으로 알게 될 것이다.

한기 13년 2월 6일 2001년 2월 28일 10:03

직급

많은 분들이 도문에서 사용하는 실무진 직급에 대해서 궁금해 합니다. 익히 설명한 바가 있지만 여기서 한 번 더 언급하도록 하겠습니다.

도문의 직급은 수자修者부터 문주門主에 이르기까지 총 9가지 직급이 있는데, 먼저 수자부터 설명을 하면 이렇습니다.

수자는 불가佛家로 치면 일종의 수행승과 같은 것입니다. 정식 실무진이 되기 전에 자신의 공부를 닦는 데 집중하면서, 도문의 여러 분위기를 직접 체험해 보는 가운데 자신의 앞길을 직접 선택할 수 있도록 만든 직급입니다. 현재 도문에는 '일반 수자'가 '성인 수자'와 있습니다. '성인 수자' 제도는 나이가 많은 분도 뜻을 내서 실무진의 길로 들 수 있도록 열어 주고자 만들었는데, 성인 수자는 대체로 도문에서 인선人選하는 경우가 많습니다. 수자는 수련 단계가 최소한 대맥운기 이상으로 남성의 경우 군필이거나 군면제자여야 하는데, 예외적으로 학생 수자 등은 문주님의 특별 지시로 입문하기도 합니다. '사범士範'은 정식 실무진으로, 일정 기간 수자생활을 거친 후 수련단계가 일월성법 이상인 자에 한해서 문주님의 재가를 받아 자격을 부여합니다. '교사橋士'는 일정 기간 사범을 거친 후 전신주천기경운기자 이상인 자에 한해서 문주님의 재가를 받아 자격을 인정해 주는데, 대체적으로 지원장급이 교사입니다. '단사丹士'는 교사를 거친 기화신 이상인 자에 한해서 문주님의 재가를 받아 자격을 부여합니다. '경사經士'는 단사를 거친 5천도계 이상인 자에 한해서 문주님의 재가를 받아 그 자격을 부여한 것입니다. '명사明奢'는 경사를 거친 9천도계 이상인 자에 한해서 문주님의 재가를 받아 그 자격을 부여한 것입니다. '문사門師'는 명사를 거친 10천도계 이상의 도통자들로서 문주님의 재가를 받아 그 자격을 부여하는데, 이때의 사師 자는 이전까지의 사士와 달리 '한 문門의 스승[2] 이 될 만하다'는 뜻입니다. 마지막으로 '문주'[3]인데, 현재 문주님은 도화제를 여시고 『천서』를 편찬하신 한당 선생님이십니다.

---

[2] 이때 '한 문門의 스승'이란 '천상 궁궁宮에서의 궁주宮主'를 뜻하는 말이다. 즉 문사가 되면 한 궁宮의 궁주 정도의 위상을 가진다는 뜻이 된다.
[3] 엄밀히 말하면 석문도문에서 '문주'직은 실무진의 직급이 아니다. 『석문도담-한조도담1』석문출판사, 2016의 열세 번째 글인 「한조님말씀 13」편150~169면을 보면 자연스럽게 이해할 수 있다.

또한 상기 직급에서 문주님의 특별지시가 있을 때는 별도로 그 자격을 부여하기도 하는데, 아직은 도화제가 만들어진 지 10년 정도밖에 되지 않아 앞서 말한 수련 단계에 준한 직급과는 차이가 있는 경우가 있습니다.[4]

---

[4] 2000년대 초입의 실무진 제도를 기록하신 내용이기에 현재 지로사 제도와는 다소 차이가 있다. 예를 들면 현재 '수자修者'는 직급에 포함되지 않으며, '문사門師'는 10천도계에 승천한 완성도인에게 주어지는 품계하늘에서의 직급 중의 하나다.

한기 13년 2월 6일 2001년 2월 28일 10:12

묵默

세월의 무상함을 느낀다. 엊그제 누워서 와식을 했던 것 같은데 벌써 2천도계라니. 몇 성상이 지나는 동안 반복되는 흐름인 듯, 또 한 번 침묵의 시간이 다가온 듯하다. 이번의 묵언默言은 고요함을 품기 위함이다. 헤아릴 수 없는 밤하늘의 별들이 꿈틀대며 내게 이야기하는 소리를 들으니, 지상의 모든 것에서 잠시 벗어나 그들의 오랜 기다림에 내 따뜻한 가슴을 열어야겠다.

예전에 겪은 침묵의 시간처럼 뭔가의 벽이 느껴지더라도 고뇌하지 않으리라. 고뇌하기보다는 다시 처음의 자리로 돌아가서 시작하는 마음으로 한 걸음씩 걸어가리라. 그래도 느껴지지 않으면 정성과 노력으로 하늘의 뜻을 기다리리라. 내 마음이 이와 같으니 묵묵행행默默行行만이 남지 않겠는가!

한기 13년 2월 14일_{2001년 3월 8일}

감축

생신을 감축드립니다.

도화제의 문주님이신 한당 선생님의 생신을 진심으로 감축드립니다. 10여 성상의 세월 동안 '청정함과 정도'라는 가르침을 수행의 근본으로 삼아 많은 제자를 이끌어 주신 한당 선생님께 엎드려 삼배 드리며, 오늘의 이 날을 감사함으로 맞이합니다.

한기 13년 2월 15일 2001년 3월 9일 **13:12**

청월淸月

까만 밤
한 줄기 빛조차도 허락되지 않는
그 시리도록 어두운 칠흑의 어둠속에서
맑음도, 어둠도 뒤로 하고 오직 그 하나 됨에 몰입하노라.

태초에 나는 누구였을까.
어디에서 와서 어디로 갈까.
수없는 의문과 그 의문 속에 뿌린 흔적이
이제 내게는 의미 없이 흘러간 세월 같구나.

현광玄光에 율려律呂의 파동이 시작된 이후로
하늘은 여전히 하늘이었고,
땅은 여전히 땅으로 그 자리에 머물렀으니.

지나가고, 존재하고, 또한 다가올
수많은 내 이름의 흔적이

만연히 감도는 봄기운에 움트는 새싹만 못하리라.

아아!
이제 나는 그 자체로 존재함이니
허울은 지는 해 속으로 묻어버리고 행함만 있으리라.

한기 13년 2월 18일 2001년 3월 12일 17:57

우몽友夢

새벽에 꿈을 꾸었다.

자동차 중개업을 하는 사촌 형이 내 손을 잡고 예전에 선친께서 키 우셨던 외양간 쪽으로 데리고 갔다. 사촌 형은 외양간에 옹기종기 모인 소 세 마리를 내게 아주 자랑스럽게 보여 주더니 다른 소를 보 여주었는데, 그 소는 다른 세 마리보다 조금 어려 보였다. 네 번째 소 가 있는 곳은 조금 높은 곳이었다. 그런데 계속 지켜보고 있으니, 소 들의 뿔이 마치 사슴뿔처럼 자라나다가 이내 허물 벗겨지듯 껍질이 벗겨지기에 기이하게 생각하면서 잠이 깼다.

현실처럼 생생한 꿈을 꾼 후에 바로 이어서 수련을 했다. 한당 선생 님의 언중도력 때문이었는지 강력한 황금색 빛덩이가 보였는데 인 당이 얼얼할 정도였다.

한기 13년 2월 18일_{2001년 3월 12일} 15:44

태황문太晄門 1

이것이 3천도계에 대한 언급이 아님을 먼저 밝힌다. 다만 지금까지 2천도계에서 겪은 여러 경험과는 달리 이채로움이 있어서, 이 방의 분위기를 봄기운이 물씬 풍기게 하기에 알맞지 않을까 싶어 올려본다.

몇 주 전, 2천도계에 올라 원신과 합일해서 거닐다가 머리 위에서 강한 기운이 느껴져 올려다보니 마치 지상에서 하늘을 보았을 때 구름이 보이듯이 하얀 뭉게구름이 보였다. 그 사이로 강한 빛줄기가 내려오기에 혹시나 싶어 한번 타고 올라가 보았던 적이 있다. 빛이 끝나는 지점에 어떤 할아버지께서 하얀 도포를 입고 좌선하듯 앉아 있었는데 이상하게도 다른 것들은 다 밝게 보이는데 할아버지의 얼굴은 윤곽만 보이고 나머지는 어두웠다. 또 몇 달 전 수련처럼 내 마음이 조급해서 만들어 낸 상像이 아닌가 싶어 눈을 떴다.

녹차를 한 잔 먹고 마음을 차분히 한 후 한 번 더 눈을 감으니 이번에는 높은 산이 보이고 정상에 어마어마하게 넓은 평지가 보였다.

그곳에는 그리스신화에 나오는 신전 비슷한 건물들이 군집으로 모여 있는 것이 아닌가! 그 속으로 들어가 보니, 모여 있는 신전들 뒤로 높은 산봉우리 같은 것이 있었다. 위로 쭉 올라가 보았는데 산 정상에서 거의 한 보 정도 떨어진 곳에서 갑자기 멈추어지는 것이 아닌가. 위로 올라가려 해도 더 이상 올라가지지 않고 제자리에 고정된 느낌이 들어서 한참을 그대로 있으니 앞에 무언가가 보이기 시작했다. 시선을 고정시키니 바로 산 정상 밑 절벽에 제법 넓어 보이는 평지가 있었고 그곳에 집 한 채가 있었다. 계속 보니 그 집의 창문 같은 것이 가까이 다가오기에 그 안으로 들어가 보았다. 그런데 아무 것도 없었다.

약간은 머쓱해서 그냥 지상으로 내려왔다. 이후로도 며칠 동안 계속 비슷한 모습들이 보이기에 스스로 의아했다. 아직 2천도계 공부가 끝난 것 같지 않았기 때문이다. 그런 이유로 일단 이런 장면이 보이면 다 지워버리다가, 한당 선생님 생신 때 가만히 3천도계처럼 보이는 풍광이 눈에 어른거린다고만 말씀드렸다. 한당 선생님께서는 아마 네가 만들었든지, 아니면 3천도계에서 네 자리를 조금 보여 주었을 것이라고 하셨다.

그때 그 자리에서 2천도계의 생활과 그것을 얼마만큼 지상에서 사용하고 있는지 세세히 물으시기에 몇 가지 말씀을 드렸는데, 갑자기 전혀 예상하지 못했던 경사經士 진급을 명하셨다.

다시 한번 한당 선생님께 감사의 삼배를 드리며, 아울러 모든 분들에게 감사의 뜻을 전합니다.

한기 13년 2월 18일 2001년 3월 12일 17:27

태황문太皝門 2

다시 한번 더 이것은 3천도계에 대한 언급이 아님을 밝혀 둔다.

경사經士 진급을 명命받고 한참을 무겁고 멍하게 보내다가 오늘 비로소 도계에 올라 원신과 합일하고 여러 보좌신명들과 이런저런 이야기를 나누었다. 예전과 달리 예하 신명들이 조금 더 선명하고 맑게 보였다. 아마 한당 선생님의 가르침이 있으셨기 때문이 아닐까 한다.

원신은 예전에는 하지 않았던 몇 가지 예를 나를 보고 먼저 인사를 한다든지, 말을 아주 공손하게 표현한다든지를 갖추었고, 그것이 다소 의아했지만 그런가 보다 싶어 나도 거기 맞춰서 응대를 했다. 그러다 보니 대화는 상당히 화기애애해졌다. 원신은 경사經士 진급을 아주 좋아하면서 내가 묻는 6신통과 그간 궁금했던 몇 가지 질문에 대해 친절하게 대답을 해 주었다.

한당 선생님의 천안통 가르침에 이어, 스스로 해 보았지만 아직 정리되지 않았던 나머지 신통들이 조금씩 정리가 되었다. 아주 상쾌

한 기분으로 선녀가 따라주는 녹차를 한 잔 먹고는 말을 이으려는데 머리 위 하늘에서 강한 기운이 느껴졌다. 올려다 보니 엄청나게 밝고 거대한 황금색의 둥근 빛太陽같은이 보이는 것이 아닌가! 순간 나도 모르게 거의 본능적으로 원신과 합일해서는 그 빛 속으로 들어가는 순간, 다시 위로 쑥 빨려 올라가는 듯했다. 그러더니 이내 주변이 하얗게 밝아졌는데, 하얀 도포 차림의 어떤 할아버지께서 지팡이를 들고 서 있었다. 조금 멍하게 있다가 합일을 할지 고민을 한 것 같았는데, 금방 장면이 바뀌고 길게 이어진 산봉우리 위를 날아가고 있었다.

여기가 어디인지 의문을 가질 틈도 없이 어느 한 곳을 향해 날아갔다. 아래로 펼쳐지는 수많은 봉우리들이 연결된 산맥은 알고 보니 멀리 보이는 아주 하얀, 마치 밝게 빛나는 듯한 어마어마하게 큰 산으로 모두 이어져 있었다. '저 산이 뭐지' 하고 궁금증을 갖는 순간, 종전보다 더 빠른 속도로 날아가 순식간에 하얀 설산雪山에 다다르더니 이내 정해진 흐름처럼 내가 산 능선을 타고 위로 오르는 것이 아닌가. 그런데 아무리 올라가고 올라가도 끝없기에 그냥 중간에 포기하고 내려와 버렸다. 눈을 뜨고는 아무런 감정의 동요나 흥분없이 수련을 끝내고 출근을 했다.

이 체험이 며칠 전부터 이어진 3천도계의 망념妄念인 듯하여, 사뭇 한당 선생님께 부끄럽고 여러 도반들에게 미안해서 글을 올리지 않으려다가 문득 백야白夜라는 말이 생각나 알 수 없는 감정의 상태에 빠져서 올려 본다. 이것이 또 다시 스스로 만든 것이라 해도 후회는 없다. 그 이유는 첫째, 원신과 나눈 대화가 너무나 만족스럽기 때문이다. 사실 한당 선생님께는 신명들과의 대화 수준이 아주 약하다고 말씀드렸지만, 아마 나 자신도 모르게 한당 선생님 앞에서는 겸허해져서 그렇게 말씀드렸던 것 같다. 어렵지 않은 평이한 대화는 열 마디에 예닐곱 마디를 들을 수 있었는데 경사 진급 이후에는 여덟아홉 마디까지 들리는 것 같다. 둘째, 그간 정리되지 않던 6신통을 상당히 정리하게 되었기 때문이다. 이제는 꾸준한 수련만 남았다. 물론 이 또한 쉽지는 않겠지만, 더욱 용맹정진해야 하지 않겠는가!

한당 선생님께 감사드린다.

한기 13년 2월 20일 2001년 3월 14일 09:28

백무 白霧

하얀 서리 맞고 운무를 헤쳐

동천금성 東天金城 누각에 올라 좌우를 굽어보니

수많은 사람들의 심음 心音 이 한 마음 가득 채운다.

좌우의 사람들을 불러놓고

옥로차 玉露茶 한 잔에 대소사를 나누니

어느덧 백무 白霧 주위를 감싸

칠채보화 시공 七彩寶花 時空 으로 녹아든다.

억겁의 세월을 지나 다시 찾은 이 곳이지만

백야 白夜 의 월광 月光 이 가슴을 시리게 함은 무슨 연유일까!

흰 수염 무거운 왕관에 눌리듯

두 눈 절로 감기어 한시름 운무 雲霧 에 띄운다.

한기 13년 2월 28일 2001년 3월 22일

도담도답 | 빙의

빙의憑依에 대해서 아트만이라는 분이 질문을 하셨군요. 그런데 어쩌지요? 빙의는 그 유형이 너무나 많고, 정리하는 방법도 다양해서 다 언급하기가 어렵습니다. 물론 빙의가 되었을 때의 현상도 참으로 많습니다. 이를 다 아는 것은 아니지만 이것 하나만은 말할 수 있습니다. 석문호흡을 통해서 빙의 문제를 해소할 수 있다는 것입니다.

빙의가 된 사람들은 진기를 싫어하고, 빙의를 한 영체들도 빙의된 몸에서 쫓겨나는 것을 싫어해서 반항도 하고 거짓말도 하고 귀신들이 거짓말을 무척 많이 합니다. 그럽니다. 이것 때문에 빙의를 당한 사람이 괴로움을 많이 겪기도 합니다. 그러나 빙의도 알고 보면 이유가 있어서 된 것이라 능력이 있다고 명분없이 다 떼어줄 수 있는 것이 아닙니다. 여기서 말하는 명분은 깊은 수련을 통한 안목으로 알게 됩니다. 질문하신 분이 꾸준히 수련하면서 깨우치다 보면 이러한 안목이 생길 것입니다.

선도의 공부는 말로 설명하거나 어떤 논리적이고 합리적인 사고로 해결할 수 있는 공부와는 사뭇 차이가 있습니다. 개인적으로도 선도의 신비적인 부분, 형이상학적인 부분을 단순하면서 논리적으로 설명해 보려고 했는데, 도계에 있는 개념이나 현상이 지상에 없는 경우는 그렇게 하기가 어렵다는 것을 종종 경험하곤 했습니다. 그때마다 '이건 정말로 어쩔 수가 없구나. 자신이 직접 봐야만 하는구나' 하고 설명하려던 생각을 내려놓았습니다.

아마 수련을 전혀 모르는 사람에게 대맥을 설명하면서 난감함을 겪어봤던 분들은 잘 아시리라 생각됩니다. 그래도 포기하지 말고 힘을 내서 정진하기를 바랍니다. 질문하신 분에게는 '희망'과 '할 수 있고 가능하다'는 긍정적인 마음이 가득 하지 않습니까!

한기 13년 2월 28일 2001년 3월 22일

도담도답 | 인당

인당에 기운이 쏠리는 현상으로 고생을 하시는군요. 일단 질문에 대한 답변부터 드리면, 수련을 꾸준히 하시다 보면 질문한 문제는 자연 하나씩 소멸될 것입니다. 다만 현재는 인당에 대한 지나친 관심을 다양한 방법을 통하여 조금씩 줄이는 연습을 하면 좋겠습니다. 그 방법이 어떤 것이든지 간에요. 이런 경우에 의수단전(의식을 단전에 두는)을 권합니다.

인당의 현상은 수련단계의 높낮이와 상관없이 거의 비슷한 이유로 나타난다고 생각할 수도 있지만 약간의 차이가 있습니다. 수련단계가 낮으신 분의 경우는 머리가 허하거나 생각이 지나칠 때 상기上氣가 주로 온다면, 수련단계가 높은 분은 이런 경우도 물론 있지만 상기는 제외입니다 주로 인당이 닦이는 과정에서 느끼는 경우가 많습니다.

한기 13년 2월 28일 2001년 3월 22일

도담도답 | 진인

진지한 토론들이 일어나는 것을 보니 봄에 걸맞게 이제 긴 겨울잠에서 깨어날 때가 된 듯합니다. 아래의 질문과 답변들을 읽어보면, 서로 개념과 관점의 차이가 너무 커서 말로 해결하기는 힘들지 않을까 싶습니다. 어느 분이 진인眞人에 대해서 물었는데, 도문에서는 진인에 대해서 대체로 이렇게 판단합니다.

진인眞人. 글자대로 해석하면 '참된 사람'이라는 뜻인데, 우리는 선도의 관점에서 해석합니다. 즉 진인이란 내가 어디에서 와서 어디로 가며 또한 무엇 때문에 지상에 태어났는지 등의 근본적인 질문에 대해서 스스로의 수련을 통해서 자신의 자리를 찾아 스스로 해답을 찾고, 그와 같은 세계를 직접 보고 인간 본연의 가치를 알아 생을 살아가는 사람들을 말합니다.

이러한 논리로 접근한다면 도문에서 현재 진인은 한당 선생님 한 분이시지만, 점차 그 수가 늘어나리라 생각합니다. 나 또한 그중의 한 사람이 되고자 지금 열심히 수련하고 있습니다. 이는 앞서 언급

한 '정도령'에 대한 도문의 해석과 같은 맥락입니다.[5]

게시판 글에 어느 분이 본인에게 "한당 선생님처럼 만사에 통하느냐"고 질문을 했는데, 그 질문에 대해서는 아직은 만사에 통하지 못했다고 말씀드릴 수밖에 없겠습니다. 현재 석문호흡의 수련과정에서 도계_{다르게 표현하면 하늘세계} 중 2천도계 공부를 하고 있습니다. 하지만 그곳 생활에 이제 겨우 적응하고 있고 2천도계 수련자라 하더라도 모든 것을 다 알 수 있는 것은 아닙니다.

이렇게 예를 들 수 있겠습니다. 아기가 엄마 뱃속에서 태어났다고 해서 세상을 단번에 알 수는 없지요. 아기는 먼저 걷고 말하는 법부터 배운 후 유치원, 초등학교, 중학교, 고등학교를 거치면서 세상을 배우고 알아나가는데, 도계의 공부도 이와 같습니다. 2천도계가 참으로 넓고 방대하지만, 그곳에서는 그곳에서 알 수 있는 만큼만 알 수 있습니다. 그 이상은 3천도계로 올라가야 하고, 이는 『천서』에 언급된 것과 같은 맥락입니다.

지금 2천도계의 6신통 공부를 하고는 있는데, 이게 사실 습득하기가

---

5) 『석문도담-한조한당도담』석문출판사, 2012 「도담」편 167면에 수록되어 있다.

쉽지 않습니다. 어떨 때는 맞고 어떨 때는 틀리고. 그러나 이러한 과정을 겪으면서 많은 심득을 얻을 수 있었습니다.

마지막으로 선도의 공부는 비인부전非人不傳, 즉 전할 사람이 아니면 전하지 않는다고 합니다. 이는 아무리 배우고자 하는 열망이 강해도 가르치고자 하는 사람이 '아직은 아니다'라고 판단되면 절대 전하지 않는다는 뜻입니다. 오죽했으면 '밥하는 데 3년, 나무하는 데 3년, 빨래하는 데 3년'이라고 표현했겠습니까?

물론 배우는 사람도 배우고 싶지 않으면 안 배워도 되는 자유가 있습니다. 그래서 선가의 공부는 '인연의 공부'라고 합니다. 그러나 우리 도문은 후천을 맞아 이와 같은 전통적인 선가의 관점만을 표방하지 않고 좀 더 현실에 가까운 도법 전파의 방식을 찾기 위해서 노력하고 있습니다.

도문의 특성상 자유로움을 싫어하지는 않지만, 너무 지나치게 자신의 주장만을 고집하는 것은 숙고해 볼 필요가 있지 않을까 생각합니다. 상대가 어떤 이야기를 하면 그것을 한 번쯤 생각해 보는 아량은 가져야지요.

아무튼 봄이 움트는 기운을 느낄 수 있어서 참으로 좋습니다. 개인적으로는 계속 토론하면서 같이 이야기를 나누고 싶은 심정입니다만 여기서 줄입니다.

한기 13년 3월 4일 2001년 3월 28일

도담도답 | 귀신

"책을 보면, 사람은 죽으면 저승에 간다고 하는데 저승 안 가고 돌아다니는 귀신들은 운명 때문에 저승사자가 안 와서 그런가요?"라는 질문에 답변합니다.

사람이 죽어서 저승 문턱에 들지 않는 것은 참으로 많은 경우의 수가 있기 때문에 단적으로 말하기는 어렵습니다. 다만, 가장 이해하기 쉬운 예는 자살하는 경우입니다. 자살을 하면 아직 이승에서 다하지 못한 천수天壽의 시간만큼 저승에서 사자가 오지 않습니다. 즉 어떤 사람이 60살까지 살아야 하는데 만약 30살에 어떤 이유로 자살을 하게 되면, 나머지 30년 동안은 저승에 들지 못하고 이승에서 돌아다니면서 이런저런 것들을 겪어야만 합니다. 이때 그 영은 육신이 없는 고통을 겪으면서 자살이 정말 좋지 않다는 것을 뼈저리게 느끼게 됩니다. 나머지는 직접 도계에 승천하여 그 방면의 공부를 하면서 알아보기 바랍니다.

한기 13년 3월 4일 2001년 3월 28일 12:55

도솔천 道率天 1

지난 2월 8일 한당 선생님 생신 때 경사經士 진급을 명命 받은 이후로 참으로 많은 것이 변했다. 수도하는 사람인지라 첫번째 변화도 당연히 수련이다. 2천도계 원신으로부터 인사와 환대를 받고, 그간에 대답해 주지 않았던 이런저런 나의 궁금점에 대해서 기분 좋은 답변을 들었다. 3천도계와 비슷한 분위기의 어떤 공간도 가 보았고, 2천도계에 있는 나의 궁宮에 동천금성 東天金城이라는 그럴듯한 현판도 달고, 이름 모를 신명 할아버지를 만나 표주박에 가득 찬 물도 얻어먹고, 시원하게 목욕도 했다.

3월 양신자 모임 때 한당 선생님께 몇 가지 가르침을 받고 진주로 돌아온 이후로 무언가 알 수 없는 감정에 휩싸였는데, 첫째가 고독함이고 둘째는 고요함에 대한 갈구였다.

천안통 天眼通을 먼저 얻으라는 한당 선생님의 뜻도 있으시고 스스로 생각하기에도 그간의 수련에 게으름이 있었다 싶어, 돌아온 다음날 아침 연속 3행공에 본수련을 겸했다.

대맥운기와 소주천을 복습하는데 승천하라는 음성이 들렸다. 그래도 운기를 진행하며 대주천을 운기하려 하니, 계속 승천하라는 음성이 들려서 빛을 타기로 했다. 마음을 바꾸고 앉자마자 무언가에 빨려 들어가는 듯한 흐름이 생겨 중정中正이 흐트러지기에 잠시 고요히 있다가 2천도계에 승천했다.

한기 13년 3월 4일 2001년 3월 28일 **13:28**

도솔천道率天 2

2천도계에 승천하니 원신이 평소와 달리 엄숙하게 맞이하면서 권좌를 나에게 양보하고 뒤로 물러나 부복俯伏으로 인사를 했다. 다소 당황해서 그 연유를 묻고 앞으로 어떻게 해야 하는지를 물으니 간략히 답한다. "삼보三寶를 얻어야 합니다."라고 한다.

"삼보를 얻었기 때문에 양신을 이루고 2천도계에 승천하지 않았습니까?" 어리둥절해 하는 나의 질문에 원신은 다소 너그러운 표정으로 "그 힘을 말함입니다. 힘이라 함은 6신통을 이름이고, 6신통 중에 신神|정기신의신의 힘은 천안통을 근간으로 합니다. 먼저 이를 득得하도록 하십시오."라고 제법 길게 이야기해 주었다.

차분하고 자세한 원신의 이야기를 듣고는 스스로 공감이 되어 지그시 눈을 감으니 어떤 모습들이 보인다. 산도 보이고 들도 보이고 바다도 보이고 이런저런 현생現生의 풍광으로 생각되는 것들이 보이기에 잠시 내가 어떤 상념에 빠졌나 싶어 천천히 의식을 깨우고 말았다.

눈은 우리집 거실의 사물을 보면서도, 어딘가에 홀린 듯 마치 시간이 정지한 듯 앉아 있다가 다시 자세를 가다듬고 위로 2천도계로 승천했다. 이번에는 원신과 합일을 하자마자 원신이 어디론가 가는데, 그곳의 풍경은 나의 2천도계 궁宮이 아닌 다른 공간이었다.

한기 13년 3월 4일 2001년 3월 28일 13:45

도솔천道率天 3

주변에 구름이 가득하고 성문인 듯한 곳을 제법 빠르게 지나서 정확히 구분이 되지 않고 알 수도 없는 어떤 곳을 계속해서 아주 빠르게 지나자 저 멀리 어떤 곳주위의 풍경을 정확히 보지 못했다의 정상에 밝은 빛이 보이고 도포 차림의 한 할아버지께서 보이기에 별다른 뜻을 일으키지 않고 합일을 했다. 합일을 하니 할아버지께서는 이내 어딘가로 올라갔다. 도중에 '여기가 어디지?' 하는 나의 생각을 읽은 듯 할아버지께서는 "도솔천道率天의 도솔궁道率宮이다."라고 했다.

도솔궁. 많이 들은 이름이지만 천상에서 누군가의 음성으로 들으니 새삼 표현하기 어려운 감정에 사로 잡혔다. 일련의 과정으로 보면 3천도계에 승천하여 원신과 합일해서 어딘가로 가는 것인데 왠지 알 수 없는 허전함이 들었다.

2천도계 원신과 합일했을 때는 참으로 뿌듯한 내면의 힘과 충만함, 표현하기 어려운 고요함을 겪었는데, 이번에는 왠지 차분하고 평온한 감정만 일어난다.

내가 또 마음이 앞섰단 말인가! 마음이 조급해서 상을 만들었다고 하기에는 보이는 것이 너무나 생생하다.

한기 13년 3월 4일 2001년 3월 28일 13:57

도솔천道率天 4

천안통도 다 얻지 못한 상태에서 생각지도 못한 상황을 겪고 나니 멍하기만 해서 며칠 두고 보다가 오늘 아침 수련에 몰입하니 구름 위로 전혀 다른 누각과 건축물, 황금빛 권좌가 보인다. 그간 눈에 익은 것들과는 너무나 다르고 생소해서 알 수 없는 신비감이 감돌기에 마음이 설레기 시작했다. 여기가 어디인지를 물어보고 싶었지만 시야에 사람은 보이지 않고, 일어나는 설렘이 마음의 평정을 잃게 해서 수련을 끝냈다.

3천도계라 하기에는 나의 2천도계 공부가 아직 무르익지 않았고, 아니라 하기에는 너무나 생생했다. 한당 선생님께 조언을 얻어야 하나 "마음이 조급하다."고 야단을 치실까 봐 감히 전화기를 들지 못하고 이렇게 올려본다. 만약 내 마음이 앞서서 만든 상像이라면, 자중하고 천안통 연습이나 부지런히 해야겠다.

한기 13년 3월 5일 2001년 3월 29일 21:55

사부님의 가르침

아직 3천도계에 승천할 정도로 공부가 무르익지 못했음을 스스로 인지했음에도 도솔천道率天을 본 이후로 수련에 평정을 찾지 못해 여러 번 망설이다가 2행공으로 마음의 평정을 찾고 조심스럽게 서울로 전화를 했다. 만약 한당 선생님과 전화통화가 되지 않으면 스스로 반성하고 도솔천을 통화가 되면 여쭈어야겠다는 마음으로 수화기를 들었는데, 통화가 되어 몇 가지 가르침을 받게 되었다. 한당 선생님의 말씀은 원신이 물러나 자리를 넘겨주고 부복으로 대한 것과 며칠 뒤에 전에 보지 못한 누각이나 황금색 빛이 나는 왕좌 등 궁宮의 색다른 모습이 보였던 것은 이제 2천도계 궁宮이 완전히 안정을 찾았다는 의미라고 하셨다.

다만, 도솔천이나 도솔궁이라는 말은 내가 잘못 들은 것이고 그 밖의 것은 선입견 때문이라고 하셨다. 2천도계 공부가 아직 많이 남았기 때문에 3천도계는 잊어버리는 것이 좋으며 3천도계에 오를 때가 되면 암시를 하시니 3천도계는 한동안 잊어버리라는 말씀이셨다. 이제는 정말 아무리 3천도계와 관련된 부분이 보이더라도 3천도계는 잠시 뒤로 하고 2천도계 공부에 몰입할 생각이다.

어제와 오늘 수련 중에 본 도장과 실무진들의 모습은 정확도가 떨어졌다. 조금 색다른 장면, 그러니까 내가 자주 보지 못했던 곳을 보는 천안통은 조금씩 능숙해지고 있다.

한당 선생님과 원신의 말씀처럼 천안통을 먼저 득得하면서 6신통에 스스로 자신감을 찾아야겠다. 매번 느끼는 것이지만 한당 선생님께서는 이럴 때일수록 더욱 빛을 보여 주신다. 모든 공부가 마찬가지겠지만 특히 선도수련에서 스승님의 귀중함이란 말로 표현하기 어렵지 않나 싶다.

한당 선생님께 삼배로 감사함을 표하고 많은 사람들의 마음을 혼란하게 했던 점을 깊이 뉘우친다.

한기 13년 3월 5일 2001년 3월 29일 22:11

체득의 공부

한당 선생님 생신 때 2천도계 공부가 절반 정도 안정을 찾았다는 말씀을 듣고, 이후 한 달도 되지 않아 완전히 안정을 찾은 것이니 실로 공부의 진전이 빠르지 않았나 생각한다. 하지만 2천도계 궁宮에 현판을 건 지도 얼마 되지 않았는데 3천도계를 생각했다니, 그것은 스스로 돌아보아도 순리에 맞지 않았다.

처음 2천도계에 승천할 것이 내 예상을 뛰어넘는 일이다 보니, 그 이후 사실 약간의 요행을 바랬던 것 같고 아울러 상승에 대한 조급함도 있었다.

다시 한번 더 깊이 뉘우치면서 그간의 체득을 통해 스스로 성숙해졌음을 새삼 느낀다. 이쯤되면 석문호흡은 참으로 체득의 공부라고 말한다 해도 생명력이 넘쳐나지 않을까 생각한다.

선입견이 있었다 해도 실제 보고 겪은 것이라 후회는 없지만 여러 도반들에게 미안하다. 하지만, 진실로 참됨의 길에 들었다고 생각하니 앞으로 나의 고질적인 의구심을 뛰어넘을 수 있을 것 같아 한편으로는 마음이 가볍고 편안하다.

한기 13년 2월 26일_{2001년 3월 20일} 20:44

익은 벼

10년 가까이 나 잘났다고만 말해 온 것 같다. 정말 잘난 사람은 포용하고 들어줄 수 있는 여유가 있는 법인데.

지난 10여 성상 동안 추수를 앞둔 벼는 고개를 절로 숙이는 법이라고 말로는 익히 해왔지만 몸은 여기에 익숙해지지 못했다. 공부의 깊고 얕음이, 그릇의 크고 작음이 뭐가 그리 중요했을까?

지난 시절의 어리석음이 절로 한 생각 가득하게 한다.

한기 13년 3월 8일 2001년 4월 1일 08:24

도담도답 | 진법체득

안녕하십니까?

도화제 실무진으로 있는 청월이라는 사람입니다. 먼저 자유와 여여함이 넘치는 이곳, 도화제 석문호흡 사이트를 방문해 주셔서 감사합니다.

나 또한 『천서』의 후반부에 나오는 도계를 읽고 처음에는 다소 당황했었습니다. 그래서인지 '수행자'라는 아이디를 사용하신 분의 의견에 많은 부분 공감이 갑니다. 그러나 그러한 의아함과 황당함 속에서 공부를 시작했지만 10여 성상 만에 벌써 『천서』 2부에 나오는 2천도계에 승천하게 되었습니다. 2천도계를 13개월 지상의 시간 동안 겪었는데, 실로 많은 것이 부서지고 깎여 나간 절차탁마의 시간이었습니다. 이중 최고의 깨달음을 든다면, 도계가 진정으로 살아 있고 생명력이 풍부한 현존하는 곳임을 인식한 것입니다. 실제 도계 공부를 체득하면서도 이것을 인식하고 받아들이는 데 앞서 언급한 것처럼 무려 13개월이나 걸렸습니다.

그러니 질문하신 분이 단순히 책을 읽고, 아니면 사이트의 이런저런 정보를 보고 판단하기에는 많은 어려움이 있을 것입니다. 이해하기 어렵고 믿기지 않는 것은 어찌 보면 지극히 당연합니다. 그러나 이것을 확인해 볼 수 있는 수련법석문호흡이 있지 않습니까? 한당 선생님의 말씀이 사실인지는 스스로 수련해서 그분께서 언급하신 세계까지 가서 확인해 보면 되지 않겠습니까?

이제 몇 년이 지나면 제법 많은 사람들이 도계에 승천할 것입니다. 현재 도문에는 20여명이 양신 수련을 하고 있습니다. 이 분들 모두가 거의 10여 성상 석문호흡을 했던 분들로 이제 그 결실을 거둘 때가 된 것입니다. 이것은 석문호흡을 하면 어느 특정인만이 득得해서 도계에 승천하는 것이 아니라 석문호흡을 제대로 하고 있는 사람이라면 누구나 도계로 갈 수 있다는 사실을 말해 줍니다. 그러니 질문자 분도 한번 시간을 두고 수행해 보시기를 권합니다. 그래야 진실이 눈에 들어오고 몸으로 체득되지 않겠습니까?

한기 13년 3월 8일 2001년 4월 1일

능사 能事

능사能事인가! 매사에 이해와 설득으로 대하니 일 촌一寸으로 십 척十尺을 가늠하려 하고 힘으로 가르치니 두려움으로 허실을 구분치 못함이라.

부처께서 취한 방식과 예수께서 취한 방식 중 어느 것이 능사인가? 중도中道를 취함이라.

한기 13년 3월 9일 2001년 4월 2일 **09:59**

선몽仙夢

이미 양신으로 도계를 넘나들건만 꿈으로 보이다니
신명들께서는 참으로 멋을 즐기시는 분들이구나!
허나 그것이 가볍지 않으니 마음이 고요해질 뿐이다.

한기 13년 3월 11일 2001월 4월 4일

도담도답 | 대장명현

변비가 명현반응으로 오기도 합니다. 어떤 경우인가 하면 평소에 변비가 있던 분들은 대장 속에 노폐물(숙변)이 떨어져 나오면서 가스가 먼저 일어나는데, 이때 속도 더부룩해지고 일순간 배변이 어렵게 되기도 합니다. 하지만 이것은 일시적인 것으로 꾸준히 수련을 하면 없어집니다.

만약 이러한 증상을 빨리 없애고 싶다면 첫째, 기름기가 있는 음식이나 밀가루 음식류는 가급적 안 먹는 것이 좋습니다. 왜냐하면 이때는 대장에 열이 많은 상태라 기름기나 밀가루 종류를 먹으면 더욱더 좋지 못한 환경을 만들기 때문입니다. 둘째, 하루 수분 섭취량을 평균 1리터 이상으로 늘리고 녹차를 식후 석 잔 정도 먹도록 하십시오. 셋째, 바람이 들지 않은 무를 사다가 앞뒤 약 3센티미터 정도 자르고 가운데 부분을 강판에 갈아서 즙을 내어 먹는 것도 좋습니다. 넷째, 기타 야채류와 과일류를 많이 드시는 것도 도움이 됩니다.

한기 13년 3월 11일 2001월 4월 4일

도담도답 | **만인도법**萬人道法

석문호흡은 호흡을 하고 있는 사람이라면 누구나 할 수 있는 것으로 민족이나 인종, 국가를 가리지 않습니다. 현재까지는 석문호흡을 통해 도계에 승천한 서양인이나 여성 분은 없습니다. 하지만 앞으로는 많이 나올 것이라 생각합니다.

현재 도문의 여자 도반으로서는 채약 수련을 하는 분이 최고 단계인데, 이 분도 채약이 거의 끝나가고 있으니 아마 올해 후반기쯤에는 양신 수련에 들어가지 않을까 합니다.

관심이 있다면 수련해 보기를 적극 권유합니다.

한기 13년 3월 12일 2001월 4월 5일 21:45

도담도담 | 석문과 여의주

안녕하십니까? 석문에 대한 여러 가지 질문에 몇몇 분들이 이미 답변을 하셨군요. 이 질문의 여러 답변자 중 한 명으로 참여하고 싶은 마음에 이렇게 답변을 합니다.

첫 번째, 석문혈石門穴이 어느 혈을 말하느냐는 질문은, 개인적으로 조금 의아하게 생각을 했습니다. 석문혈은 바로 석문혈을 말합니다.

두 번째, 기해氣海가 음의 혈이고 관원關元이 양의 혈이라는 근거가 어디에 있는가라는 질문에 대한 답은 이렇습니다. 음양론에 입각해서 기운을 운용할 수 있는 사람이라면 각 기운의 성향을 분석할 수 있다는 것입니다. 물론 그 근거를 『천서』에서 찾아도 되겠지만, 직접 기해와 관원에 기운을 응집시켜서 성향을 분석해보면 바로 답이 나옵니다. 즉 근거는 심기운용을 통해 직접 확인하는 체득에 있습니다.

세 번째, 석문의 뜻풀이는 말씀하신 대로 '돌문'이라는 뜻입니다만 그것이 질문자 분의 말처럼 명문을 뜻하지는 않습니다. 명문은 명문일 뿐입니다.

네 번째, 진정한 단전이 석문이라는 것은 바로 단전의 근간을 이루는 여의주와 석문의 관계 때문입니다. 선도에서 반드시 언급해야 하는 것은 '단전여의주'과 '진기', '양신'입니다. 양신을 이루어 궁극의 세계인 도계로 승천하기 위해서는 반드시 여의주를 알아야 하는데, 여의주를 찾으려면 정확한 단전자리를 찾아야 합니다. 석문은 여의주를 찾을 수 있는 유일한 곳이므로 진정한 단전이라 하는 것입니다.

질문한 분도 이러한 사실의 진실여부를 확인하고 싶으리라 생각됩니다. 그렇다면 먼저 어느 정도의 시간을 석문호흡에 투자하여 배워보면 어떨까 합니다.

한기 13년 3월 16일 2001년 4월 9일

어디 다녀와 보니

주말을 바쁘게 보내고 잠시 도화제 석문호흡 사이트를 둘러보니 이런저런 이야기들이 많군요. 일단 새봄에 걸맞게 살아 숨 쉬는 듯해서 좋습니다. 아직은 정확한 사연을 모르겠지만 만약 비판받을 만한 일을 했다면 비판을 받아야지요. 그리고 고쳐야 할 것이 있다면 마땅히 고쳐야한다고 생각합니다. 그런데 어떤 일로 그러는지 궁금하군요.

|추신| 도계공부를 한다고 해서 완전하지는 않으며 포장된 감정이 수심의 정도를 말해 주는 것도 아니라고 봅니다. 도인도, 비도인도 사람으로서의 감정은 다 가지고 있습니다. 다만 그 뒤가 있고 없고의 차이가 아닐까요?

한기 13년 3월 16일 2001년 4월 9일

사념私念

잠시 생각에 잠겨 천하를 굽어보고
우러러 하늘을 쳐다보니, 뭉게구름 바람에 흔들리고
어느 순간 시원한 그늘이 생겨 초목을 덮는구나.

아아!
만상萬象의 색色과 형形, 그리고 우러나는 소리가
과연 진상眞象이라 단언하는가?

짧은 머리의 긴 생각으로
빛을 가리려 하지 말고 순수한 본성의 자리를 찾도록 하자.

한기 13년 3월 20일 2001년 4월 13일 09:03

천안 天眼

예전에는 양신을 이루고 도계에 승천하면 6신통은 절로 생기는 줄 알았다. 만약 내가 양신을 이루어 보지 않고 도계에 승천해 보지 않았다면 지금도 계속 그렇게 알고 있었을 것이다. 그러나 실제로 겪어보니 엄청난 노력이 따라야만 했다.

6신통 중 으뜸은 아마 천안통이지 않을까 싶다. 천안통! 모든 도력이 그렇듯이 무심의 이치를 득得하지 않으면 어렵다. 2천도계에 처음 입천하여 원신과 합일했을 때 여의무심如意無心에 대한 말씀을 받았는데 다 그럴 만한 연유가 있었던 것이다. 천안통도 처음 얼마간은 적중률이 높더니 요즘은 거의 바닥을 헤맨다. 이 또한 여의무심을 제대로 얻지 못했기 때문일 것이다. 누가 알았을까? 도계에 승천해도 항상 쉼 없는 노력이 있어야 함을.

한기 13년 3월 26일 2001년 4월 19일

도담도답 | **혈압과 호흡법**

와식할 때는 혈압이 낮아지는 것을 느끼는데 좌식으로 바꾼 후 혈압이 올라가서 걱정됩니다. 호흡도 잘 안 되는 것 같고요. 원래 그런지요?

원래 그렇지는 않습니다. 다만 질문자분이 복부의 상태가 좋지 않은데 와식 때처럼 무리하게 아랫배를 내밀려고 하니 심폐가 약간 압박받아서 그런 것입니다. 배를 내미는 것은 조금 약하게, 호흡은 조금 더 순하게, 대신 단전에 대한 집중도는 높이는 것이 좋겠습니다.

혈압이 높은 사람은 들이마시는 시간보다 내쉬는 시간을 길게 해야 혈압강화에 좋다는데 사실인가요?

꼭 그런 것만은 아닙니다. 고혈압에도 원인이 여러 가지고, 또한 석문호흡을 하면 호흡 속에 진기가 동반되기 때문에 일반 호흡과는 조금 차이가 있습니다. 혈압이 조금 높으셔도 수련하시는 데는 큰 무리가 없습니다.

그러면 혈압이 높은 사람은 수련 시 어떻게 해야 좋을까요? 조언 부탁드립니다.

고혈압이 있는 분은 어느 정도 내력이 생길 때까지 처음 얼마간은 행공을 너무 무리하게 하지 않는 것이 좋습니다. 또한 호흡도 너무 강하게 하지 않는 것이 좋습니다. 대신 단전에 대한 집중도를 조금 더 높이는 쪽으로 수련의 방향을 잡는 것이 좋습니다.

질문자분은 개인행공으로 세선법 10번을 정규 수련 때나 평소에 틈틈이 하고, 등산이나 산책 등 걷기운동을 같이 해 주면 더 좋겠습니다. 조금 더 마음을 낸다면 식후 녹차 세 잔 정도 먹는 것과 기름기 있는 음식이나 곡차, 밀가루 음식을 조금 자제하는 것이 좋습니다. 물론 담배도 마찬가지입니다.

한기 13년 3월 26일 2001년 4월 19일

성장하는 도문

며칠 사이에 많은 일들이 있었군요. 개인적인 비방부터 이런저런 비판에 이르기까지.

'이젠 정말 우리 도문이 성장하는구나!' 하는 것을 느낍니다.

도화제가 정도正道와 청명함을 추구하는 본래의 뜻을 꾸준히 지켜 나가기를 바라는 애정 어린 마음에서 비롯된 일로 여기고 일단 받아들이고 싶습니다. 이 점에 대해서는 깊이 감사를 표하고 도문 또한 고칠 것은 고치고, 반성할 것은 반성하며, 발전시킬 것은 발전시켜 나가도록 하겠습니다.

그러나 노파심老婆心에서 덧붙이면, 근거 없는 비방과 비판을 통해 얻은 본本 도문의 답변으로 석문호흡의 공부 방법을 임의로 추측하여 자기 수련의 부족한 부분을 보완하려는 분들이 있다면 삼가시기를 바랍니다. 그렇게 임의로 진행한 공부로 일어나는 문제에 대해서는 본本 도문이 책임질 수가 없음을 공식적으로 말씀드리는 바입니다.

한기 13년 3월 26일 2001년 4월 19일

운무雲霧 2

멀리서 보니 구름이었다.
뜻을 일으켜 바람처럼 그 사이를 주유하니
허어, 안개가 아닌가!

분명 저기서는 구름이었는데
이 안개 어디서 왔을꼬!

어리둥절 좌우를 둘러보다
바람을 거슬러 섬광보다 빨리 달려
산 둘을 넘어 멀어지니

안개는 어디가고 구름만 유유자적하더라.

한기 13년 3월 29일 2001년 4월 22일

도담도답 | **영과 윤회**

한 사람에게 영은 몇 개입니까?

선도에서는 일영一靈, 삼혼三魂, 칠백七魄이라 합니다. 따라서 현세에 자신의 육신에 존재하는 영은 하나뿐입니다. 도문도 이와 같은 이치에 공감합니다.

전생의 영들이 내가 아닌 다른 세계에 존재한다니 도무지 이해가 안 갑니다.

이것은 이해하고 안 하고, 또는 이해되고 안 되고의 문제가 아닙니다. 그렇게 존재할 뿐입니다.

그럼 여지껏 모든 종교나 선인들께서 말씀하신 윤회는 어떻게 설명되는지요?

도문은 앞선 성인들께서 말씀하신 윤회에 대해 별다른 이견은 없습니다. 다만 윤회를 이해하는데에 약간의 관점 차이는 있습니다. 즉, 지금까지 윤회라 하면 한 영체靈體가 몇 생을 거듭 태어나는 것으로 통용되어 왔는데, 도문에서는 한 영체가 몇 생을 거듭나는 것이 아니라는 관점입니다. 부연하면 태초에 창조주에 의해서 최초로 지상에 육신을 가지고 태어났다 죽으면 그 흔적으로 영계에 그 육신의 모습을 한 영체가 존재합니다. 그리고 다시 인간으로 태어날 때는 그 영체가 다시 인간으로 태어나는 것이 아니라, 다른 모습의 영체가 육신을 받아 지상에 태어나는 것입니다. 자신을 근본 빛이라 생각하고 자라나는 손톱을 분신, 즉 육신을 받고 태어난 영체라 생각해 봅시다. 손톱이 자라서 깎으면 깎인 손톱은 흔적으로 존재합니다. 다시 자신의 생장활동으로 새 손톱이 자라서 또 깎으면 새로 깎인 손톱 역시 흔적으로 존재하지만 앞서 깎은 손톱과 나중에 깎은 손톱은 사실 다르지요. 그러나 각각의 손톱은 자신에게서 나왔으니 자신의 손톱이 아니라고 말할 수는 없는 것입니다. 여기서 앞의 손톱앞서 태어났던 영체은 뒤의 손톱뒤에 태어났던 영체의 전생이 되는데, 그 모습과 성향은 조금 다를 수 있습니다. 그렇지 않고 만약 한 영체가 계속 여러 육신을 이어 나간다면, 그것은 윤회가 아니라 마치 불사不死의 존재와 비슷한 것입니다.

저는 영계나 도계의 궁금한 점을 물으려는 게 아닙니다. 어제 『천서』를 다시 보다가 전생은 믿어 의심치 않지만 단지 나 아닌 나, 다른 전생의 영이 존재할 수 있다는 게 믿기지 않아서 질문드립니다. 현재 『천서』 상에서 말하는 2천도계 공부를 하고 있지만 윤회에 대해서 정확히 알지 못해 2천도계의 원신에게 자문을 구하니 원신도 정확히 알지를 못했습니다. 그래서 한당 선생님께 여쭈어 보니, 이를 정확히 알려면 『천서』에서 언급한 10천도계 정도는 공부가 되어야 알 수 있다 하시면서 위와 같이 간략한 설명을 해 주셨습니다. 한당 선생님께서는 2천도계에 자신의 전생영들이 존재하게 된 이치도 설명해 주셨지만, 많은 분량의 말씀인지라 여기서는 질문하신 윤회에 국한해서 답변드렸습니다. 저 또한 아직 그 이상의 공부가 안된 상태에서 정확히 내 것으로 소화되지 않은 부분이라 가급적 언급을 삼가하고자 한 측면도 있습니다.

좀 더 깊은 내용을 알고자 한다면 스스로 직접 선도의 세계에 들어가서 체득하기를 권합니다.

한기 13년 4월 1일 2001년 4월 24일 09:18

천명天命

도법道法을 받아 수도함에
여러 부족함에도 하늘의 눈물 어린 도움이 있어
한 발을 천상에 두었다.
인내와 끈기가 부족했음에도
다만 끝을 보고자 하는 호기심에 10년의 세월 동안
스승님을 좇다 보니 산과 바다를 뒤로 하게 되었다.
아아!
어리석고 부족함이 사해를 뒤덮건만
하늘은 또 다시 천명天命을 줌이런가!
오직 바람과 구름이 되어
창공의 밝음을 두려워하지 않고 살아가리라.

한기 13년 4월 1일 2001년 4월 24일 09:23

아직은

세상이 어둡다 하고 참으로 가망이 없다 생각한 적이 있었다.
그 마음 허전함이 있었건만,
허나, 아직은 희망이 있음을 새삼 살아가면서 느낀다.
다시 의지를 불태우자.
다시 희망을 가슴에 새기자.
다시 나아감을 한걸음 한걸음에 두자.
여명의 빛이 마음을 고요히 한다.

한기 13년 4월 3일 2001년 4월 26일 20:39

고뇌

한적하게 앉아 한 생각에 차茶 두 잔 뒤로 하고
고요하다 못한 적막함, 그윽이 다향에 몸을 실어
말없이 구름 위에 오른다.
때 아닌 삭풍이건만 시름에 비할 길 못되어
삼라의 풍경이 시선 밖에 있구나.
좌우의 근심어린 소리에 스스로 비우고 자중하려 하지만
시時와 공空이 있는 곳의 이들을 생각하니 마음이 사뭇 무겁다.
삼시三時를 거론하고, 그 듦과 낢에 대해 일러왔지만
아아! 내가 더 조급해 하는구나.
고뇌가 태산을 채운다.

한기 13년 4월 4일 2001년 4월 27일

도담도답 | 기화신과 양신

안녕하십니까? 현재 2천도계 공부를 하고 있는 청월이라고 합니다.

기화신氣化神을 실제 겪어 봤던 사람으로서 한 말씀 드린다면 앞서 '지인'이라는 분이 언급하신 지적이 맞다는 것입니다. 질문자분은 기화신을 겪어 보지 않았는데, 그러면 어떻게 기화신이 전신주천全身周天의 연장선이라 생각하게 되었는지요? 기화신은 전신주천과는 말로 표현할 수 없을 정도로 차이가 있습니다. 그 차이는 실제로 겪어 보시면 알 수 있습니다. 또한 양신을 설명하신 대목에서도 약간 아쉬움을 느꼈습니다. 왜냐하면 선도의 뿌리는 원래 백두산족인 우리 한민족에게 있었고, 그것이 중국으로 건너가 도교로 바뀌어서 다시 역수입된 것인데, 마치 원래 중국의 것처럼 오인하고 있기 때문입니다.

양신陽神이라는 단어는 한자식으로 표현된 우리 고유의 언어입니다. 물론 양신을 다른 말로 도체道體, 궁을弓乙, 한얼이라고도 하며 이와 유사하게 사용하는 단어들도 많지만, 그 의미를 가장 가깝게 살린 표현으로 선도에서 즐겨 사용하는 단어는 바로 양신입니다. 타 단체에서 양신을 유체幽體와 혼용해서 사용하거나 잘못 알고 있는 경우가 많은데 다른 단체들의 수련 과정을 들어보면 도문의 석문호흡과는 명확한 차이가 있습니다.

그중 가장 중요한 것이 바로 여의주입니다. 여의주를 제대로 알지 못하는 사람이 양신을 이루었다고 하면, 그것은 거짓이든지 아니면 유체를 양신으로 잘못 알고 있는 것입니다. 유체로는 결코 시공을 뛰어넘는 도계로 갈 수가 없습니다.

한기 13년 4월 7일 2001년 4월 30일 09:02

도담도답 | 일월문

우리 도문이 세상에 나온 지 만 10년이 되었습니다. 그간 도문道門에서는 정靜을 중심으로 석문호흡만 지로해 왔지만, 도道의 변위가 하나에서 만상이 나오듯 도법을 펼치는 그 모습 또한 여러 가지로 나타나고 있습니다.

일월무예는 도계道界의 신명들께서 풍류로 즐기는 것을 한당 선생님께서 지상으로 가져와 새롭게 창안하신 것으로 무예를 통해 선도의 깊은 세계를 맛볼 수 있도록 하신 것입니다. 또한, 일월문의 무산 원장은 각종 무예의 달인으로 무술의 경지를 넘어 무학武學의 깊은 경지에 든 분입니다.

동動적인 무예를 통해 선도의 성명쌍수性命雙修를 맛보고자 하는 도화제석문호흡 도반들과 경험을 원하시는 모든 분들께 일월무예를 적극적으로 권합니다.

한기 13년 4월 7일 2001년 4월 30일 17:20

의지意志

천명天命을 받자와 도법을 펼치며, 무성無聲, 무흔無痕, 무심無心의 3무三無정신으로 중지中志를 굳게 세워 임하리라.

오직 하늘의 뜻에 부합해서 운신運身하니 한 마음 평온함이 사해四海를 덮어 고요함만 가득하리라.

한기 13년 4월 7일 2001년 4월 30일 21:09

느낌

내면에 잠재된, 어쩌면 몸에 배었을 심득心得이 밀려온다.
이 느낌, 이것은 무엇일까
조금은 답답하다.
허나 기다리겠다.
무엇을 기다리는지.
아마도 무심無心과 여의如意인 듯하다.
단순한 인식이 아니라 온몸에 전해지는 느낌,
이 심득의 고요함, 아직 그 실체가 밝혀지지 않은
다만 다가오기만 하는
한잔의 차와 고요한 시간이 그대로 머문다.

한기 13년 4월 7일 2001년 4월 30일 22:03

화운정사 和雲靜舍

화운정사 和雲靜舍 엔 봄이 있다.
낡고 조그만 두 채의 가옥에 황토의 누렇고 붉은 빛은
어딘가 고향처럼 푸근함을 전해준다.
작은 측백나무로 담벼락을 삼고,
뒤의 푸른 대나무 쓸쓸히 벗이 되니
구름인들 어이 알리.
그것이 인가 人家 인지.

허한듯 충만함이 가득하니
한번 찾은 이 가슴에 고향처럼 은은히 새겨진다.
화운정사 和雲靜舍 엔 봄이 녹아 있다.

한기 13년 4월 9일 2001년 5월 2일

도담도답 | 영靈적 문제

안녕하십니까? 좋은 아침입니다. 다소 쌀쌀하지만 그래도 하늘은 청명해 보입니다. 질문의 요지가 '영적인 문제가 있는데 수련을 하지 않고 해결하는 방법은 없을까'라는 것이었죠.

이 문제는 여러 관점에서 생각해 볼 수 있습니다. 선도에서는 세상사 모든 일을 '인연'이라는 두 음절로 많이 표현합니다. 이 말은 전생과 현생과 내생이라는 세 단어와 이어지는 것으로, 그 분이 영적인 문제를 갖게 된 것은 안타깝지만 거기에는 어떤 이유가 있을 것이라는 뜻입니다. 그 분의 문제를 해소하려면 그 원인을 없앨 만한 명분이 있어야 합니다. 도문에서는 그 명분을 수련에서 찾습니다. 수련이란 자신의 과거 크게는 전생까지 잘못을 반성하고 자성해서 영적인 승화를 이루고자 하는 것으로, 이 자체가 자신에 대한 공덕이라 할 만합니다.

어찌 보면 모호한 말처럼 들리겠지만, 우리가 지상에 인간으로 온 이유가 수도하기 위해서 도문의 관점 라고 본다면 한 사람 한 사람의 영적인 승화는 그만큼 지상의 삶을 아름답게 만드는 일이 됩니다. 뿐만 아니라 자신의 신성神性을 회복하기 위해 노력한 것이니 당연히 자신이 자신에게 쌓은 스스로의 공덕이라 할 만합니다. 따라서 도문에서는 아주 특별한 인연이 아닌 이상 수련을 하지 않고 영적인 문제를 해소하기란 어렵다고 봅니다. 물론 수련을 하지 않아도 자신의 문제를 해소하기 위해 끊임없는 노력하다 보면 어떤 인연혹자는 이것을 기연奇緣이라고도 합니다이 맺어져서 문제가 해소되기도 합니다.

이 밖에도 영적인 문제는 여러 각도로 볼 수 있습니다. 그러나 도문에서는 일차적으로 수련을 통해 자신의 내력으로 자신의 문제를 해결 할 수 있도록 유도합니다. 선도는 자신이 걸어가야 하는 자신의 공부이기 때문입니다. 물론 스스로 자신을 위해서 정성을 들이고 열심히 수련을 하다 보면 이런저런 선배 고수들의 마음을 얻어 도움을 받기도 합니다. 이때 도움이란, 접신접신도 여러 유형이 있지만이 된 상태에서 스스로 노력을 해도 해결에 많은 어려움이 있다면 접신된 영을 떼어 주는 것을 말합니다. 물론 이것도 시기가 있습니다.

그러나 접신한 영을 떼어 냄으로써 모든 문제가 해소되는 것은 아닙니다. 부수적인 문제가 남습니다. 얼마나 오랫동안 접신이 되었냐에 따라서 자신의 몸에 습관이 배이는데 이것을 완전히 없애기란 참으로 어렵습니다. 접신으로 인한 습관은 마치 버릇처럼 몸에 형성된 것으로 이를 극복하려면 자신의 내력과 꾸준한 노력이 필요합니다. 따라서 수련을 하면 부수적인 습관의 문제도 하루하루 수련에 의해서 자신의 힘으로 해결할 수 있습니다.

한기 13년 4월 9일 2001년 5월 2일

도담도답 | 안락사

안락사가 자살인지 아니면 운명사인지, 이 질문에 대해서는 아직 공부가 부족하여 아직 무어라 단정하여 답변하기는 어렵습니다. 만약 개인적인 의견을 묻는다면, 스스로가 결정한 안락사는 일종의 자살이 아닌가 생각하고 자신의 의지가 없는 상태에서 다른 사람이 선택했다면 일종의 타살이라고 생각합니다.

물론 여기서 말하는 타살은 살인과 조금 다른 의미겠지만, 아마 이러한 관점으로 도계에서도 다루지 않을까 조심스럽게 추측해 봅니다. 아직은 공적인 관점에서 정의 내릴 정도로 제 공부가 되지 않았으니 참고 정도만 하면 좋을 것 같습니다.

만약 안락사가 자살에 가까운 것이었다면 그 사람은 자신의 운명이 끝나기 전에 스스로의 생명을 마감한 것이므로 하늘로부터 받은 운명이 다할 때까지 저승으로 들어갈 수가 없습니다. 그렇지 않다면, 하늘에서는 다른 관점에서 움직일 것입니다.

한기 13년 4월 11일 2001년 5월 4일

도담도답 | **지상에 태어난 이유**

'인간이 지상에 태어난 이유가 스스로 원해서인가'라는 질문은 본질적인 질문으로 스스로 공부해서 알려면 최소한 10천도계 이상은 되어야 가능하지 않을까 싶습니다.

그래서 현재 2천도계를 공부하는 수준에서는 답변할 수 있는 질문이 아닌 듯합니다. 한당 선생님께 약간의 말씀을 들은 것은 있지만, 스스로 확연히 알게 된 것이 아니기 때문에 생명력있게 답하기가 어렵습니다. 아직은 이 질문에 대해 확실한 답변을 드릴 수 없어 안타깝게 생각합니다.

한기 13년 4월 11일 2001년 5월 4일

도담도답 | **양신의 빛, 번개의 빛**

양신의 빛과 진기의 빛은 다른가. 이들과 번개의 빛은 어떤 관계가 있는가. 이런 질문은 상당히 광범위한 질문입니다. 실수련적 차원이 아니라 단순한 호기심에서 질문한 듯하니 가볍게 답변하도록 하겠습니다.

일단 도문에서 언급하는 진기의 정의는 '근원적인 기운'이라는 뜻으로, 수많은 기운들 중에 근본을 이루는 기운을 의미합니다. 이 진기도 하나의 빛과 같지만, 『천서』에서 언급하는 도광영력과는 다소 차이가 있습니다. 다시 말하면, 진기는 좀 더 근원적인 빛인 도광영력에서 파생된 것으로 보시면 되고 생기는 바로 이 진기에서 파생된 것으로 보시면 됩니다.

여기서 양신은 진기를 통해서 만들어지기는 하지만 일상적인 진기의 빛과는 수준의 차이가 있습니다. 즉 양신은 오랜 진기수련을 통해 만들어진, 일종의 도광영력화된 자신의 모습을 뜻합니다.

다음으로 양신의 빛과 번개의 빛도 사뭇 차이가 있습니다. 이것은 무형의 빛인 비현상계의 빛형이상학적인 빛과 유형의 빛인 현상계의 빛형이하학적인 빛의 차이로, 모든 현상계의 빛은 도광영력에서 파생된 것입니다. 만약 도광영력을 지상의 용어 중 가장 가까운 단어로 표현한다면 '빛'이 될 것입니다. 여기에 비해, 번개의 빛처럼 일종의 가시적인 빛들은 '색色'이라는 단어가 가깝지 않나 생각합니다. 도광영력은 가시광선을 뛰어넘는 근원적인 빛을 의미하는데 이 또한 각각의 수준 차이가 있습니다. 이것은 스스로 수련해서 확인하기를 바랍니다.

한기 13년 4월 11일 2001년 5월 4일

도담도답 | 낙태

유산도 살인행위인지 질문한 분이군요. 유산은 자연유산과 인공유산낙태으로 나누어 볼 수 있습니다. 자연유산과 달리 인공유산에 대해서는 우려하는 시각을 가지는 것이 도문의 기본적인 견해지만, 인공유산에도 피치 못한 경우에는 어느 정도 생각해 볼 여지가 있다고 봅니다. 아직 이 부분을 스스로 명확히 알 정도로 공부가 되지는 않았지만, 절실한 질문이기에 한당 선생님께 들은 말씀을 대신 전하고자 합니다.

첫째, 인간의 정자와 난자가 자궁 속에서 결합할 때 빛의 스파크가 생깁니다. 이때 생기는 빛의 통로가 도계까지 이르면 영혼이 그 빛의 통로를 타고 정자와 결합된 난자 속으로 들어와 계속되는 체세포 분열을 통해서 인간이 만들어진다고 하셨습니다.

둘째, 자의에 의해서 3번 정도 낙태를 하면 아기의 영혼과 부모의 인연이 끊어지면서, 아기의 영혼은 다른 사람에게 가게 된다고 하셨습니다. 즉, 피치 못할 사정으로 낙태를 하더라도 하늘에서 적어도 3번 정도 기회를 더 준다는 의미로 추측됩니다. 그렇다고 낙태를 쉽게 생각하면 안 됩니다.

셋째, 낙태는 한 생명이 지상에 태어나서 수도하고자 하는 의지를 지상의 인간이 소멸시키는 것으로 잘못된 행위라 할 수 있습니다.

그러나 지상에 인간으로 태어나 삶을 영위하면서 실수나 잘못이나 죄를 하나도 짓지 않는 사람은 참으로 드물 것입니다. 하늘에서도 이는 감안하고 있지 않을까 합니다. 즉, 하늘은 우리에게 스스로 저지른 죄나 잘못된 행위나 실수를 만회할 수 있는 기회를 주는데, 그것은 선업을 쌓거나 스스로 수양修鍊을 하는 것입니다. 인공유산낙태이 살인이다 아니다는 개념을 떠나서 지난 과거를 스스로 자성하고 반성해서 더 이상의 잘못을 짓지 않고자 하는 의지가 더욱더 중요하지 않을까 생각합니다.

한기 13년 4월 11일 2001년 5월 4일 12:27

도담도답 | 양신소멸

양신소멸은 극히 드문 경우라 참된 수도를 하고 계신다면 그렇게 걱정할 일이 아니라고 생각합니다. 노파심에서 한 가지 조언을 한다면 단순히 술수적인 일환으로 양신을 득하려 하신다면 석문호흡수련을 다시 생각해 보는 것이 좋습니다. 그와 같은 마음의 발로로 수련을 하면 절대 양신을 이룰 수 없습니다. 양신을 이룰 정도라면 그러한 마음을 크게 뛰어넘은 상태일 것입니다.

기운이 머리로 몰리는 것만 상기가 아니라 생각이 필요 이상으로 앞서는 것도 상기가 아니겠습니까. 불필요한 부분에 심력을 낭비하지 말고 자신의 수련에 몰입하기를 바랍니다.

한기 13년 4월 19일 2001년 5월 12일

무상함

여섯 살 아들을 쳐다보니 문득 세월의 잔상이 느껴지며 어머니의 깊은 주름과 백설의 머리가 생각난다. 아직도 40대의 어머니 모습이 생생하건만 아버지께서는 벌써 세상을 떠나셨고 세월의 무상함 속에서 어머니께서는 어느덧 한 가정의 가장이 되어 버린 자식들을 바라보게 되었다.

나도 언젠가는 이 생로병사의 흐름 속에서 늙음을 맞이하겠지. 돌이켜 생각해보면, 그렇게 많지도 않은 젊은 나이에 참으로 많은 일들을 겪었고, 또한 헤쳐가고 있다.

무엇이 나로 하여금 이 길을 가게 했을까! 문득 찾아드는 세월의 무상함. 어머니와 나, 그리고 아들과 딸의 모습에서 한 생각의 고요함을 느낀다.

한기 13년 4월 21일 2001년 5월 14일

도담도답 | 설거지와 도

좋은 하루입니다. 설거지와 도道에 대해서 적어 놓은 글을 읽고 참으로 감명을 받았습니다. 너무 좋은 글인데 왜 필명을 '밝히기싫어'로 하였을까 조금은 안타깝습니다.

본인도 가끔씩 집안의 가사를 도우려고 노력하는 30대의 가장입니다. 처음에는 '집에서 무슨 할 일이 있어'라는 부끄러운 생각을 가졌던 남자이기도 합니다. 그러다 한번은 태성 엄마 대신 하루 종일 아이들을 보고 이런저런 집안일을 한 적이 있었는데, 그 이후로 생각이 많이 바뀌었습니다. '가사도 일종의 직업이다. 내가 도道를 펼치는 것을 천직으로 삼듯이 가족들을 위해서 아늑하고 포근한 집안 분위기를 만들고자 하는 것도 그만큼 중요한 천직이 아닐까' 하고 새삼 태성 엄마에게 감사함이 우러나왔습니다.

그날 이후로 제법 틈틈이 설거지도 하고 청소기도 잡으려고 노력했습니다. 물론 많이 하지는 못했지만요. 그래도 은근히 생색을 냈는지 태성 엄마에게 '생색쟁이'로 낙인이 찍히기도 했습니다만, 그래도 저는 이것이 생명력 넘치는 삶이 아닌가 합니다.

도道가 액면 그대로 도계만을 그리는 것은 아닐 것입니다. 한당 선생님의 말씀처럼 도道란 '걸어가는 길'이니만큼 별것 아닌 듯 보이는 것에 깊은 심득이 숨어 있을 수 있습니다.

10년 수도생활을 하면서 지금은 도道라는 것, 심득心得이라는 것이 스치는 바람 속에도 있고 한낱 먼지에도 있지 않을까 생각하게 되었습니다. 다만, 그 참된 이치를 깨우칠 수 있는 안목과 내력을 얻기 위해서 석문호흡을 하는 것이라고 생각합니다. 호흡이 인간 삶에서 가장 소중하고 중요한 것이니 그 속에 만상이 녹아들어가 있지 않겠습니까.

조용한 아침, 일상적이면서도 차분한 글을 읽고 마음을 한 겹 더 벗어 봅니다.

한기 13년 4월 29일 2001년 5월 22일 **11:28**

호풍환우 呼風喚雨

호풍환우의 근간은 역시 한 마음에 있었다. 비를 부르고 바람을 부르는 것에 여러 기교도 있겠지만 그 근원 바탕에는 도심이 깊이 자리 잡고 있었던 것이다. 천안天眼도, 분심이용分心以用도 알고 보니 도심이 그 본바탕이었다. 참으로 오랜 시간 수도하지 않으면 가까이 하지 못하는 것이 또한 도심이 아니겠는가.

2천도계에 올랐을 때 원신이 왜 '여의무심'이라는 명제를 주었는지 다시금 깨우치게 된다. 다만, 아직은 몸에 다 각인되지 않아 시일이 필요하리라. 고요함이 여름날 개울소리와 같구나.

한기 13년 윤4월 2일2001년 5월 24일 **09:21**

공허함

바쁜 하루
수많은 고뇌
그러나 찾아드는 공허함과 적적함,
이를 뭐라 표현해야 할지.

허공에 올라 가만히 지상을 관조하며 앉아 있는 모습이
마치 구름 같다는 생각에
바람이 부는 이곳으로, 또는 저곳으로 부유하니
오히려 더 깊은 공허함만 들게 한다.

아아, 시원의 그 자리는 참으로 묘연하구나!

한기 13년 윤 4월 2일 2001년 5월 24일 **09:29**

흐름 2

진정 뜻을 하늘에 두고 지상에 펼침을 그 업業으로 삼는 자는 흐름을 거스르지 않는다.

수많은 시기, 질투, 오해가 난무해도 군자君者의 인의仁義 와 덕德을 잃지 않고, 오직 하늘을 그리워하며 꾸준함이 있다면 조용히 흘러가는 물처럼 흐름이 이어질 것이다.

나는 오직 의지를 하늘에 두고 움직일 뿐이다.

한기 13년 윤4월 2일 2001년 5월 24일 09:35

사부

오늘따라 사부님이 그립다.
내 마음엔 두 개의 고향이 있다.
어머니와 사부님이시다.
마음이 힘겹고, 고뇌가 있을 때는
항상 바로 이 분들을 생각하며 힘을 내곤 했다.
긍정적으로 생각하고 부족함을 채우려 하지만
오늘은 쓸쓸함이 깊어 그리워진다.
못내 그리워 허공을 쳐다보지만
뭔가 아쉽게도 채워지지를 않는다.
나이 들어 나 또한 자식을 키우면서도
어쩔 수가 없나 보다.

한기 13년 윤 4월 6일 2001년 5월 28일

고독孤獨 2

다향茶香에 취해 멍하니 다기茶器만 바라보다
못내 아쉬운 듯 허공에 살며시 올라보아 그리움을 찾는다.

무진향수無盡鄕愁 한 줄기 빛 되어 가슴에 스며들기에
한 마음 일으켜 창해蒼海에 녹아들어 시공時空을 뛰어넘는다.

아래에서 다향茶香 배이고
위에서 한 모금 마셔 그리움을 쫓아 보지만,
허공에 구름 일듯 허전함만 가득하다.

한기 13년 윤4월 6일 2001년 5월 29일 09:46

강태공

전 80前八十, 후 80後八十이라는 강태공의 유명한 이야기가 있다. 전 80은 강태공이 자신이 세상을 나갈 때를 기다리며 강가에서 80년 동안 세월을 낚았다는 것이고, 후 80은 여든 이후 천하를 평정하여 '일인지하 만인지상 一人之下萬人之上'의 자리에 올라 치세를 했다는 뜻이다. 가끔 나는 강태공의 후 80보다는 전 80에 매료되곤 한다. 자신이 움직일 때를 위해 80년이라는 짧지 않은 시간 동안 준비하고 기다릴 줄 아는 그의 노력과 인내와 깊은 혜안. 참으로 대단하지 않은가!

오늘도 그런 강태공을 본받으려 했지만, 조금씩 나태해지는 내 자신을 보면서 한숨이 절로 나와 허공만 하염없이 바라보았다. 내 마음을 아는지 새벽에는 어떤 고승이 나를 어디론가 인도하겠다고 나타나서 지팡이 들고 점잖게 말하기에 정중히 거절했다. 차라리 원신품에서 녹차나 한잔하고 하늘을 거니는 것이 좋으리라 싶어 도계에 승천했다. 어제도 본 보좌신명들이지만 오늘은 또 다르게 보이고 궁宮의 분위기도 훨씬 편안했다. 한 신명과 담소를 나누며 차분히 녹차를 한잔하고 지상의 고뇌 거리를 떠올려보지만, 한당 선생님의 시時

처럼 팔만 사천리 저 먼 곳에 있는 듯 아련하기만 했다. 그래, 때로는 상천上天에 대한 욕구가 일어나기도 하지만 한당 선생님께서 이르시길 기다리라 하셨기에 마음을 갈무리하며 보이고 들리는 유혹을 뿌리칠 뿐이다. 그래서 2천도계를 거닐기만 하기보다는 전생도 한번 돌아보고 지상도 내려가 보면서 일거리를 찾았지만 어쩐 일인가. 마음을 그렇게 둘수록 더욱더 아련해져 이제는 생각마저 미치질 않는다.

어제 비를 내려보려던 시도는 결과를 거두지 못했다. 저녁에 비를 한 번 내려 보려고 약간 운신해 보았지만 아무래도 내가 나를 과신한 듯하다. 그러나 한 가지를 얻었으니 부끄럽지는 않다. 이런저런 생각을 접고 지상에 내려오니 아들 태성이가 반갑게 나를 맞는다.

"아빠, 이제 수련 끝났어?"

인생이란 바로 이런 것이 아닐까.

한기 13년 윤4월 14일 2001년 6월 5일

야생노루

시골에서 태어나 제법 많은 야생동물을 보았고 주저함 없이 잡아서 먹어보기도 했지만, 이번만은 달랐다네. 인적이 드문 새벽 도로에 오가는 자동차 불빛만 가득할 때, 넓은 6차선 도로에서 달려드는 야생노루 한 마리와 부딪혔다네. 예전의 나였으면 "운도 없는 날이네." 한마디 남기고 언제 그런 일이 있었냐는 듯 홀연히 그 자리를 떠났겠지만, 이번은 달랐다네. 멍하니 그 자리 갓길에서 반 시간 동안 아픈 가슴을 안고 긴 상념에 빠졌네. 하늘 사람을 불러 노루 가는 길을 인도하라고 명했지만, 오히려 죽은 노루는 나를 따라오려고 했다네.

"노루야, 노루야. 내 무거운 마음, 안타까운 심정이지만 죽고 산 세계가 다르니 너를 데리고 갈 수가 없구나. 하늘의 연이 있다면 내 궁宮에서 살자꾸나." 짧은 몇 마디를 하고는 갈 곳으로 보내었네. 죽은 노루를 묻어 주고 싶었지만 오가는 차들에 차마 손으로 들고 올 용기가 나지 않아 그냥 두고 왔다네.

너무나 가슴이 아파 도계에 올라 원신에게 이야기했지만, 원신은 관여할 일이 아니라며 대답을 외면하기에 궁宮 앞뜰을 거니는데 갑자기 공간이 열려 어딘가로 들어갔다네. 그곳에서 어떤 할아버지가 얼굴도 보여 주지 않고 한 말씀 하시기에 듣고만 있었지. 그 말씀 나를 위로하는 듯했지만 전반만 말하고 후반은 삼가기에 지상의 여러 도반들에게 의견을 듣던 가운데 문득 다가오는 생각이 있어 차분히 정리를 해보았네.

그래 주변을 돌아봐야겠구나. 화합이라는 것도 중요하지만 당당함도 있어야겠구나. 더욱더 굳은 중지를 가지고 소리 없이 그림자처럼 할 일을 차분히 하는, 내 본분을 잊지 않는 도인이 되어야겠다는 생각을 금강석처럼 가졌지.

또 다시 묵묵히 걸어가는 걸음만이 천지에 고요함으로 남는 길이 아닐까!

한기 13년 윤4월 14일 2001년 6월 5일 09:38

당당함

화합이 과연 목소리를 죽이고 눈치만 보는 것일까. 상대를 생각해서 말을 줄이고 묵묵함만 가슴에 담았다. 그러나 그렇지 않은 경우도 있다는 것을 알았다. 도리대로 예의를 다해야겠지만 당당함이 필요할 때는 묵묵함만이 능사가 아니다. 세상 일이 다 내 마음대로 되는 것은 아니지만 언젠가는 상대가 이해하리라 막연히 생각만 하는 것도 문제가 있음을 느낀다. 호연지기를 애써 외면했으니 내외가 불협화음이었을 것이고, 오히려 스스로의 자신감이 퇴색되었을 것이다.

이생에 한당 선생님을 만나 도법을 전해 받음을 삼생의 영광으로 삼으니, 오히려 당당함을 잃지 않고 묵묵히 운수행각雲水行脚을 한다면 하늘 또한 예의가 없다 하지만은 않으리라. 금강석이 부러워할 중지를 마음에 세우는 것이 고요함 속에 머무는 길이 아닐까.

한기 13년 윤4월 17일 2001년 6월 8일

도담도답 | 양신과 영

양신陽神과 영靈의 차이는 무엇일까. 중요한 질문이지만, 사실 양신 수련을 하고 있는 사람들에게는 그다지 중요한 질문이 아니다. 이는 그 차이를 아는 것보다 실제 양신을 이루어 운신해 보는 것이 더 중요하기 때문이다. 그렇지만 굳이 그 차이를 말한다면, 양신이란 본령本靈이 승화된 것으로, 빛으로 만들어진 또 하나의 자신을 말한다. 즉, 양신을 이룬 자는 자신의 본령과 양신이 둘 다 존재하지만 양신을 이루었기 때문에 본령의 의미가 상당히 퇴색하게 된다. 그렇다면 사람이 죽으면 양신은 어디로 가고 본령은 어디로 가는가. 이는 수도자를 위해 의문으로 남겨 놓으려 하니 용맹정진해서 찾기를 바란다.

한기 13년 윤4월 17일 2001년 6월 8일 14:43

수도 修道

수도란 무엇일까. 바로 자신의 근원을 찾아가는 길을 말함이 아닐까. 그러하기에 수도를 하는 가운데 약간의 힘이 생겼다 해서 심기운용에 집착한다면 하늘로부터 밝은 기운을 받지 못하리라.

수도자는 이를 가슴 깊이 명심해야 한다. 심기운용이란 만인을 위해 사용될 때 정술로서 빛나는 법. 자신만을 위해서 또는 명분도 없이 사용한다면 하늘의 신벌神罰이 있으리라. 심기운용을 득한 사람은 오직 자신의 심득을 키우고, 만인을 위함이 있을 때 하늘의 뜻을 보고 사용하라.

한기 13년 윤 4월 20일 2001년 6월 11일 13:29

한계 1

2천도계 공부를 하면서 능력과 자질의 한계를 많이 느낀다. 그 한계에 부딪쳐 한동안 마음이 바람처럼 구름처럼 떠돌기만 했다. 오직 조용히 앉아 천상天上만 관망할 뿐 더 이상 열의를 갖지 못하고 도道의 길이 멀고도 험난하다는 것만 되새겼는데 오늘 자못 위엄을 갖춘 신명 한 분이 내게 조용히 찾아와서 자기를 따라 어디든가 가자고 한다. 문제될 것도 없다 싶어 따라나섰다. 처음에는 신전처럼 보이는 건축물들이 보이기에 그곳이 3천도계인 줄 알았다. 나중에 보니까 아닌 듯했지만 아무튼 거기서 이 분은 위엄을 갖추며 6신통에 관해 길게 말씀하셨다.

"신통神通이 알고 보면 하나에서 여섯으로 갈라진 것이지. 그대가 그 갈라진 여섯에 마음을 빼앗겨 힘들어 하니, 내 어찌 답답하지 않겠는가. 천안天眼의 근간이 무엇이던가. 그대는 이미 요체를 파악하고도 마음을 분란스럽게 이곳저곳에 두니 진전이 없는 듯 느끼느니라. 내 말하지만 천안의 요체가 바로 6신통의 요체가 아니면 무엇이더냐. 무심을 앞에 두라, 여의를 앞에 두라. 알고 보면 하나일 뿐이니

라. 일보 진전은 그 무량한 득의에 있노라."

아주 위세가 넘치게 말씀을 하기에 "그런데 신명께서는 그 존함이 어찌 되시는지요." 하고 물으니 호탕하게 웃으며 "북두성군北斗星君이니라." 한다.

도계에 이런 분이 있는가 싶기도 한데, 말씀 하나 하나가 모두 다 옳은 말씀인 것을 보면 내가 잘못 본 것은 아닌 듯하다. 그 분이 존재하고 안 하고가 중요한 것이 아니라 내가 6신통의 요체를 인식만 했지 궁극으로 보지 못하고 있음을 깨우치게 했으니 참으로 고마울 뿐이다. 차후에 대면할 수 있다면 깊이 감사의 마음을 표하리라.

한기 13년 윤4월 20일 2001년 6월 11일 14:36

기우제

이 땅의 은혜로 살아가는 한 사람으로서 최근 타들어 가는 듯한 큰 가뭄에 깊은 근심을 갖는다. 그래서 우리의 마음을 모아 세상 사람들과 같이 하고자 통신을 하는 도반들과 함께 짧은 시간이나마 무형식의 기우제 6월 20일, 수, 13시를 한 번 올려 볼 생각이다. 이는 이 땅의 모든 사람들과 마음을 같이 하고자 하는 것으로 만약 이 글을 읽은 분들 중에서 채팅에 참여는 못하지만 함께 하고픈 분들이 있다면 마음만이라도 같이 하면 좋겠다.

이것이 하늘의 냉담한 마음을 조금이라도 돌리게 하는 계기가 되었으면 한다.

한기 13년 윤4월 21일 2001년 6월 12일 00:47

무명인無名人

저녁부터 몸이 노곤하게 늘어지기에, 어제 집에서 아이들 때문에 잠을 제대로 못 이루었던 것이 기억나 잠시 자리에 누웠다. 잠결에 이런저런 사람들의 목소리가 들렸다가 사라지기를 여러 번, 일어나 보니 11시가 넘었다. 나도 모르게 잠을 네 시간이나 자다니 평소에는 드문 일이다. 일어나 보니 몸이 뭔가 다르다 싶을 정도로 개운했다. 삼천포 지원의 선우회 회장이 차 한잔 하길 청하기에 오랜만에 다담을 하기로 하고는 자리에 앉았는데, 위로부터 어떤 뜻이 내려왔다. 잠시 눈을 감으니 위엄 있어 보이는 어떤 할아버지께서 반긴다. 누구신지 묻는 나의 말에 시종 웃음으로만 대하신다. 일단 합일을 시도했는데 생각보다 합일하기가 힘들다. 그런다고 못할 나도 아니고 중간에 그만둘 나도 아닌지라 한 번 더 강하게 시도를 하니, 할아버지도 길게 늘어뜨린 수염 속으로 나를 맞이한다.

그런데 어떻게 이런 일이 있을까! 몸 안으로 들어가니 마치 우주 속으로 들어온 듯했다. 수많은 은하와 별들의 무리, 지나가는 유성들이 마치 눈 내리는 풍경처럼 너무나 장엄하기에 잠시 넋을 잃었다.

"여기가 어딜까?" 하니 내면의 수많은 질문에 답변을 주듯 갑자기 어떤 할아버지의 얼굴이 크게 다가온다. 방금 전에 본 넓고 넓은 우주를 통째로 뒤덮는 얼굴이지만, 합일 전의 할아버지와는 다른 분인지 얼굴이 달랐다.

"존장尊長께서는 누구신지요." 여쭈어 보니 호쾌하게 대답하기를, "본좌는 그대의 아주 먼 조상과도 같은 존재니라. 그대 또한 나를 만날 때가 머지 않았다. 허나 지금은 내력이 부족해서 진실로 보기가 어렵고 하나됨이 힘겨우니 여러 번 이와 같은 합일이 있어야 하느니라. 그 길이 다소 험난하겠지만 깨우침 또한 많으리라. 내 오늘 잠시 대면함은 바로 그대를 위함이니라." 하고는 사라진다. 그 후로는 빛만 가득하기에 빛 속에서 한참을 가만히 머물다가 차를 내던 중이라 중간에 눈을 뜨고 말았다.

첫 잔을 내고 잠시 화장실에 다녀오니 하늘에서 전언傳言이 많이 와서, 차를 내는 중간에 잠시 눈을 감겠다고 도반들에게 양해를 구했다. 2천도계에 승천해서 그간 보좌했던 여러 신명들을 만나보고 정 들었던 궁宮을 이곳저곳 살피며 마치 어디론가 떠날 사람처럼 돌아다니는데, 갑자기 강한 빛무리가 보여 그 속으로 들어가니 다른 세상이 보였다. 정확히 어딘지는 알 수 없었다. 심중에 혹시 상천上天인가 하는 마음이 드니 갑자기 가슴이 뛰기 시작했다.

진중하고도 준엄해 보이는 어떤 할아버지께서 나타나 나를 어디론가 인도했지만, 내 심상이 흔들리니 주변이 제대로 보이지도 들리지도 않았다. 커다란 집이나 궁宮이 보였으나 왠지 '이것은 아니다'라는 마음이 일어나기에 한 번 더 눈을 뜨고 말았다. 세 번째 잔을 냈을 때 다시 승천했지만 역시 마음이 빛보다 앞서가기에 '이것은 아니야, 3천도계에 대한 나의 조급한 마음이 드러난 것이다. 그래, 만약 3천도계에 승천할 때가 되었다면 오늘이 아니라 해도 무심 중에 펼쳐지겠지' 싶어 지상으로 내려왔다. 처음은 무심이었는데 언제 유심이 되었을까.

아직도 부족함이 있구나.

한기 13년 윤 4월 27일 2001년 6월 18일 22:48

장기판

조용히 앉아 눈을 감았다. 흰색과 황금색의 중간 정도 되는 빛이 하늘에서 내려오기에 좌정한 자세로 천천히 승천하니 기분이 아주 묘하게 좋았다. 빛이 끝나는 곳에 이르러 주위를 둘러보니 숲이 보이기에 이리저리 돌아다니다가 두 사람이 서로 마주앉아 있는 모습을 보고 가까이 다가갔다. 밑동이 잘라진 큰 나무에 장기판이 그려져 있었고, 두 사람이 장기를 두고 있었는데 한 사람이 차車를 옮기는 중이었다. 조금 구경을 하다가 갑작스럽게 마음이 3천도계로 흘러가기에 지상으로 내려왔다. 분위기는 3천도계 같았지만 이미 한 번 오판을 했던 적이 있어서 더는 진행하지 않은 것이다.

한기 13년 윤4월 27일 2001년 6월 18일 23:01

수미산

석가모니의 '수미산'이란 말이 실감날 정도로 아주 큰 산을 보았다. 도계로 승천하던 중 빛의 통로가 보이기에 끝까지 따라갔더니 놀라운 광경이 눈에 들어왔다. 처음에는 제법 큰 산들이 보였는데 그 산을 오르니 그보다 더 큰 산들이 모여 있었고, 다시 그것을 오르니 아주 큰, 아마 수미산이 이 정도는 되지 않을까 싶을 정도로 큰 산이 하나 눈에 보였다.

산 정상에는 제법 넓은 대지가 보였고 거기에 아주 큰 조형물이 있었는데, 건축물인지 아닌지는 정확하지 않았지만 멀리서 보기에 마치 봉황이 비상하기 직전의 모습 같았다. 조형물 아래쪽 한가운데에 문처럼 생긴 것이 보였지만 들어가지는 않았다. 다만 멀리서 보기만 하고 지상으로 내려왔다. 한당 선생님께서 금요일에 만나 이야기하자고 하시기에, 지금은 가슴에 묻어두고 잊기로 했다.

한기 13년 윤 4월 28일 2001년 6월 19일 09:21

금성대군 金聖大君

몸에서 빛이 상승되는 듯한 현상, 즉 환골탈태換骨奪胎가 일어나는 것 같다. 칠흑같은 어둠 속에서 여명이 찾아오니 오히려 어두웠던 지난 세월이 충만함과 고요함으로 바뀐다. 자리에 앉아 흐름을 관망하고 하늘의 뜻을 살피니 나이 지긋한 분들이 왜 이리 분주히 찾아오는지. 긴 수염에 하얀 도포, 어깨까지 늘어진 긴 눈썹에 동안의 얼굴들. 조용히 찾아와 읊조리며 무언가를 말해 주지만, 한당 선생님의 말씀이 없으시니 기다리겠노란 말만 계속했다. 이러는 내가 답답했을까. 2천도계 원신도 내려왔다 올라가고 그러고도 두세 분이 더 다녀가셨다. 이 분들이 가시고 근엄한 어떤 분이 육신에 내려와 한참을 좌정한 채 머물다가 갔다. 급변하는 수련 분위기에 적응이 되지 않아 3~4분 간격으로 눈을 뜨다가 갈피가 잡히지 않아서 가만히 안으로 갈무리하고 관조만 했다.

어디로 간 것일까. 정들고 낯익은 곳은 2천도계의 내 궁宮이고, 언뜻 언뜻 보이는 산과 무수히 지나가는 빛들, 어두웠다 밝았다를 몇 번이나 되풀이하다가 나중에는 빛만 보였고 공간에 떠 있는 느낌이 강하게 들었다. 들리는 것조차 없기에 보려는 마음을 갈무리하고 안으로 성찰해 들어갔다. 그런데 멀리서 어두운 공간이 다가오는데 아니, 어두운 공간 속으로 내가 들어가는데, 나지막하고 청명한 목소리가 들린다.

"금성대군 金聖大君 깨어나시게, 금성대군 깨어나시게."

이 한마디만 계속 들리기에 주변을 둘러보니 오직 나 홀로 앉아 있었다. 나를 지칭하는 말인지 조금 의아해하니 목소리는 더욱더 부드러워지면서 마치 나를 어루만지듯, 부모가 자식을 타이르는 듯 말했다.

"금성대군?"

그 음성에 호응을 하면서 살포시 앞을 주시하니 육신의 몇 갈래 기운들이 조화롭게 결합되면서 하나로 모여 변화된다. 음성이 사라진 어두운 공간에서 한참을 묵언으로 있다가 무슨 일인지 이해하지 못하고 지상으로 내려왔다. 뭔가 변화가 있는 것은 사실인데, 짐작하기 어려우니 조금 혼란스럽다.

한기 13년 윤4월 28일 2001년 6월 19일 09:32

심중유유 心中柔柔

확연하지는 않지만 마음은 고요하고
마음이 고요하니 형언키 어려운 충만함이 밀려오네.
일어나는 변화에 알고자 했던 수많은 조바심도
왠지 모를 고요함에 심중心中이 유유柔柔하니
바람에 구름 밀리듯 떠나버렸네.
아아, 아니라 말씀하시면 어찌하나 싶은 마음도
유무有無에서 벗어나게 되니
오히려 일어나는 변화를 관망하게 되누나.
언젠가 한당 선생님의 잔잔한 미소에서 보았던 고요한 마음,
이 마음이 오히려 고맙게 다가오고
가슴에 하늘이 숨 쉬고 있으니
행복이 따로 있음일까.

한기 13년 윤4월 29일 2001년 6월 20일 10:06

금선대군 金仙大君

수련 중에 생각해 보니 앞서 금성대군 金聖大君은 아마도 금선대군 金仙大君을 잘못 들은 듯합니다. 물론 중요한 것은 아니지만 체험의 사실성을 높이기 위해 수정하니 양해를 바랍니다.

한기 13년 윤4월 29일 2001년 6월 20일 18:09

감사제

땅이 너무나 메마르기에 우리 도반들끼리 뜻을 모아 채팅방에서 만나 하늘에 잠시만이라도 기우제를 올리려했었다. 그런데 하늘의 보실핌인지 비가 너무나 시원하게 내려서 그 감사함과 고마움을 표하고자 기우제를 하늘에 감사드리는 '감사제'로 바꿔서 드리기로 했다. 그래서 오늘 뜻있는 도반들이 채팅방에서 만나 잠시 하늘에 감사의 마음을 전했다. 나는 이들의 뜻을 받아 하늘에 올라 상천上天에 빛을 쏘아올리면서 감사의 마음을 드렸다. 빛이 허공을 뚫고 끝없이 올라가는데 불현듯 아주 커다란 빛무리가 형성되면서 거대하고 어마어마한 궁宮|성城처럼 보이기도 했다이 서서히 드러났다. 그 찬란함에 약간 넋을 잃고 보고 있으니 한 음성이 들린다.

"참으로 기쁘도다. 너희의 뜻이 나의 뜻이고, 너희의 마음이 곧 나의 마음이라. 이와 같이 함께 하면 무엇인들 못하리."

이 밖에 다른 말씀도 있었다. 말씀을 듣고 곰곰히 생각해 보니, 하늘의 신명들께서는 지상의 도인들이 한 마음 한 뜻으로 도법을 펼쳐

주기를 바라는 마음이 아주 강하지 않을까 한다. 우리가 가뭄에 비 오기를 바랐던 그 하나된 마음이 앞으로도 세상을 조화롭게 만들지 않을까.

한기 13년 5월 1일 2001년 6월 21일 09:32

자중自重

수련의 변화가 있다.
하늘의 바람도 있다.
내 자신의 의지도 있다.
주변의 흐름도 급격하게 일어난다.

허나 조화로움이 부족하다.
하늘이 원하고 스스로 따르리라 생각하지만
지상의 원만함이 부족하다면 한 번 정도는 더 돌아봄도 가하리라.
태산의 고요함을 흠모해 스스로 진중함을 가지려 한다.

한기 13년 5월 3일 2001년 6월 23일 12:06

숨겨진 욕심

수련의 변화에 대해서 한당 선생님의 가르침을 받았다. 말씀의 요지는 "네가 3천도계에 대한 욕구를 경계는 하지만 심저에는 갈구함이 깊어 스스로 만들어 내는 것이 있고, 그러한 마음 때문에 2천도계의 생활을 자연스럽게 향유함이 부족하다. 선도의 공부는 자연스럽게 밀려서 다음 단계로 올라가는 것이다. 내면으로 3천도계를 생각하는 마음이 오히려 3천도계를 멀리하게 했으니 먼저 2천도계를 마음껏 향유하라."였다.

나름대로는 깊이 경계한다고 했는데 내심 강한 발원을 하고 있었나 보다. 나도 모르게 숨겨진 욕심이 있었다면 그것을 겸허히 받아들이고, 새로운 마음으로 공부에 임해야겠다.

이제는 정말 주변을 새롭게 정리하고 고요함을 꿈 꿀 때가 아닌가 싶다. 그래도 기대에 부풀었던 지난 한 주는 참으로 행복하고 즐거웠다. 야단은 들었지만 이만하면 만족할 만하다.

덧붙여, 공부의 본맥을 잡아 주신 한당 선생님께 감사의 말씀을 드린다.

새롭게, 새로운 마음으로 용맹정진하자.

한기 13년 5월 6일 2001년 6월 26일 14:50

자중과 조화

한당 선생님께 꾸지람을 많이 들었다. '내 진심은 그렇지 않았지만 그렇게 보였다면 시정하고 돌아보는 것이 당연하다'라고 생각한다. 그만두라는 말씀은 안 하셨으니 추진한 일을 중도에 그만두지는 않겠지만, 자중하고 한당 선생님께서 강조하신 '조화'에 마음을 더 두어야겠다. 통할 수 있고 제대로 펼칠 수만 있다면 힘겨움을 멀리하지 않겠다.

한기 13년 5월 6일 2001년 6월 26일 14:50

비[雨]

비가 내렸다. 마음이 울적해 한적한 시골을 찾아 벗과 함께 내리는 비에 장단을 맞추며 은은한 차향에 취했다. 눈앞 지붕 처마 너머 보이는 산들은 사부작 내리는 빗물에 목욕이라도 하는지 소리 없이 웅크리고만 있다. 하염없이 바라보는 시선은 산을 넘지 못하고 하늘도 땅도 아닌 허공의 이곳 저곳을 헤매이다 마침내 내리는 비와 마주쳤다.

"그래, 네가 나 같구나."

뜬금없는 푸념이 입 밖으로 나오고, 방바닥에 금 가는 줄 모르고 생각은 만리萬里를 달린다. 비 내리는 오후, 차향으로 주변의 칙칙함을 녹이며 구만리에 쌓인 만년의 시름을 접어 고요함을 찾는다.

한기 13년 5월 6일 2001년 6월 26일 23:51

묵언행 默言行

태산 泰山이 요동쳐 천하를 어지럽게 해도
심산 心山은 고요히 낙엽 지우고 꽃 핀다네.

어둠이 밀려와 밤의 낙원을 만들어도
한 줄기 빛이면 태산을 덮고도 남음이니
묵묵거행 默默去行이 오직 내 할 일일세.

세상사람 이 소리 저 소리에 한때는 힘겨움이 있었지만
이제는 미소로써 답한다네.

이 사람아, 세월의 유구 悠久함 속에
이렇게 저렇게 어울려보세나. 어울리다 보면 우리가 됨일세.

한기 13년 5월 7일 2001년 6월 27일 00:02

오해

만사를 행하며 부드럽게 종결되지만은 않겠지만 정도시행正道始行함에 무리하여 오해가 있었다면 어찌해야 하는가. 빗물에 녹차 다려 잠행潛行하리, 의연히 묵언행默言行하리. 이도저도 아니라면 차라리 고요함에 젖노라.

한기 13년 5월 7일 2001년 6월 27일 12:05

6도수 六度數

6도수의 새로운 시작이라는 의미처럼 새롭게 일심중지 一心中志 해서 또 묵묵히 걸어가겠다. 본시 수련이라는 것이 힘겨움의 연속이 아니던가. 알아주든 알아주지 않든 내 갈 길을 걸어갈 뿐이다.

한기 13년 5월 20일 2001년 7월 10일 09:22

주유周遊 1

한 여름 밤의 별빛이 좋아 하늘을 우러러보았다.
수 많은 별들,
마음 한가득 다가오는 향수를 느끼며
깊은 심연의 세계로 들어간다.

하늘이 내게 시간을 허락한다면
아내와 아이들과 함께 천하를 주유周遊하고 싶다.
조용히 가족끼리만 휴식의 시간을 가지고 싶다.

허나, 할 일이 하나 둘이 아니니
욕심만 채울 수도 없음이 못내 아쉽다.
한 여름 밤의 별빛이 좋아
바람에 몸을 실어 천하를 주유하고 싶다.

한기 13년 5월 22일 2001년 7월 12일 19:30

주유周遊 2

몸이 여의치 않아 운신하지 못함이 마음마저 가두지는 못하리라. 하늘의 넓음이 내게도 미쳐 한 가지 여여함을 가졌기에 궁을弓乙에 뜻을 실어 시공을 넘노라.

한 길만 가다 보니 도계의 생활도 오직 궁宮에만 머물렀기에, 이젠 강태공의 그 시절을 그리며 돌아다니려 하노라.

이 궁宮의 풍광, 저 궁宮의 신심神心 두루 돌아보며 배움에 맛을 들이니 세월에 바위가 흙이 됨을 모름이라.

한기 13년 5월 26일 2001년 7월 16일 12:18

여유 2

태풍이 지나간 듯 주변이 어지럽고 혼란함만 가득했다. 잠재워진 뒤 그 혼란함이 일시에 소멸될까만은 태풍이 지나간 하늘은 더없이 화창하고 청아해지리라. 그간의 흐름 속에 무리했던 것도 많았고, 부담스러웠던 것도 많았으며 깊은 시름과 고뇌도 많았다. 그러나 이제 이 정도면 하늘도 적당히 쉴 수 있는 시간을 허락지 않을까. 하늘에 겨우 한 발을 넣고 고뇌하며 근심했던 나날이 얼마이고 뜬 눈으로 지새우고 밤잠을 설쳤던 것이 또한 얼마인가. 너무나 많은 일을 이야기하면서 재촉하는 신명들이 못내 원망스럽고 서럽기도 했지만, 한 가지 일을 끝내고 나니 자질의 한계를 느껴 이제는 스스로 여유를 가지려 한다.

이번 일을 통해 깊이 배운 것이 있다. 첫째, 지상에서 일을 펼치는 것은 역시 천상과는 사뭇 다르고 항상 올바른 방향으로만 이루어지지는 않는다는 것이다. 둘째, 그 일을 하는 가운데 나도 모르게 과유불급하는 경우가 생겼는데, 스스로 돌아보니 만사에 정도正道를 본本에 두고 물처럼 유연하게 하는 것도 필요함을 알았다. 셋째, 천·지·인의 삼시三時가 있듯이 일을 만드는 것도 역시 천사天事, 지사地事, 인사人事가 따로 있음을 알았다. 넷째, 이번 일을 통해서 말의 중요함을 가슴 깊이 느꼈다. 아마, 한당 선생님께서 덕德을 쌓으라고 하신 말씀 속에는 이런 의미 또한 함축되어 있지 않을까 한다. 다섯째, 조화의 의미를 새삼 깊이 느꼈다. 일의 빠른 성취보다 두루 발전하는 방법이 항상 더 어렵지만 모색하고 또 모색해야 함을 깊이 느꼈다.

이렇듯 큰 공부를 시켜 주신 하늘의 수많은 신명들께 감사의 말씀을 드리고, 아울러 여러 일로 본의 아니게 상처를 입은 사람들에게 미안함을 금할 길 없다. 스스로 자숙하고 자성하며, 좀 더 발전적인 자아성장을 위해 잠시 혼자만의 여유를 가지려 한다. 내면의 깊은 고요함을 평소에도 즐겼으니 이참에 고요함에 젖어들어 볼까 한다. 그 윽한 다향 속에서 삼라를 잠시 잊을까 한다.

한기 13년 5월 26일 2001년 7월 16일 13:33

운무에 다향 실어

넓은 대지에 오직 까만 공간만 가득했으나 한 줌 서기瑞氣가 일어 천지를 비추니 은둔의 모습이 일어나는구나. 풍사風師의 거칠 것 없는 일갈一喝과 휘젓는 몸놀림에 대지의 생명은 잠을 깨고 한줄기 폭풍이 몰아치니 어디에 숨었던고. 운무雲霧가 허공虛空을 가득 메우노라. 바람에 몸실어 천하의 자유로움을 만끽하니 다향이 운무에 살랑살랑 떠밀려오는구나.

나의 마음만 천지에 가득한 줄 알았더니 다향茶香 또한 천하를 넉넉히 하더라.

한기 13년 6월 10일 2001년 7월 30일

도담도답 | **오행침**

얼마전 부산 지원에서 청월 경사님을 뵈었습니다. 저는 대맥 수련을 하고 있는 한의대생입니다. 다른 도반들이 많아서 너무 편향된 질문일 것 같아 못했는데요. 경사님께서 사암 도인 말씀을 하시면서 사암 도인도 오행침을 잘 모르는 것 같다고 하셨는데, 그럼 오행침은 틀린건가요?

답변했던 내용을 잘못 이해한 듯합니다. 오행침의 근본이치에 대해 사암께서 알고 있는 내용이 기대에 미치지 못했다는 뜻이지, 오행침이 틀렸다는 말이 아닙니다.

듣기로 사암께서도 다만 예로부터 내려오는 것을 자신이 정리해서 심도 있게 다룬 것이라 했습니다. 이는 사암께 한 가지 질문을 했는데 본인이 그 깊은 이치를 설명 못하기에 끝까지 물어 보는 가운데 알게 된 것입니다. 그 질문의 내용은 '오행침에서 왜 음경은 목木에서 시작하고 양경은 금金에서 시작하는가'라는 것이었는데, 사암께서 이를 오행의 이치와 주역의 이치를 들어 설명했지만 많은 부분을 어려워하기에 나중에는 보좌신명으로부터 보충 설명을 들어야만 했습니다. 그러나 이마저도 나중에 한당 선생님께 다시 설명을 들어야만 했습니다. 당시 사암과 보좌신명의 설명은 한마디로 '전체 속의 개체, 개체 속의 전체라는 뜻'으로 '모든 생명체는 극대한 것에서부터 극미한 것에 이르기까지 음양의 조화를 이루려는 속성이 있고, 또한 그와 같이 구성되어 있다'라는 것이었습니다. 그때 사암께서 자신의 속내를 털어놓았습니다.

앞서 말씀드렸듯이, 자신은 오행침을 창조한 것이 아니라 예로부터 내려왔던 여러 가지 이치를 재정립하고 보완해서 심도 있게 다루었을 뿐이라는 것입니다. 이 점 오해 없기를 바랍니다.

한의학을 하다 보면 여러 설들이 제각각인데 누구의 말이 옳은지 모르겠습니다. 가장 정확한 책은 무엇일까요? 저는 이천의 『의학입문』으로 보고 있습니다. 끝으로 도문에서는 기존의 한의학을 어떻게 평가하시는지요?

도문에서 한의학을 어떻게 평가하는지에 대한 공식적인 입장은 아직 답할 만한 그릇이 되지 못하기에 차후로 미루고자 합니다. 다만, 도문에서는 한의학뿐만 아니라 양의학에 대해서도 깊은 관심을 표명하고 있으며, 이 둘과 조금 다른 개념의 도방의학[6]을 창시해서 정립해 나가고 있는 것으로 압니다.

물론 도방의학은 도문의 문주님이신 한당 선생님께서 그 이치와 원리를 말씀하셨고 한의韓醫에 종사하는 제자들과 양의洋醫에 종사하는 제자들이 함께 가르침을 받고 있는 것으로 알고 있습니다.

이상의 질문은 저에게 너무도 중요한 문제입니다. 꼭 답해주세요. 더운 여름에 감사합니다.

질문을 주신 분이 의술에 많은 관심을 가지고 있고 이를 통해 대중을 구제하고자 한다면, 스스로 탐구심을 가지고 공부에 임해 보기를 바랍니다. 석문호흡이 많은 도움이 되리라 확신합니다.

---

[6] 도道의 관점에서 정립한 의학. 도道의 이치와 원리로 중심과 테두리를 잡고 여기에 한의韓醫와 양의洋醫를 상호 보완하여 상합시켜 전체 체계를 잡는다.

한기 13년 6월 21일 2001년 8월 10일 19:56

가지치기

참으로 오랜만에 이 게시판에 흔적을 남긴다. 그동안 나의 공부는 무엇이었을까. 어쩌면 가지치기의 연속이 아니었을까 한다. 2천도계에 적응하면서 많은 부분 신비도 벗겨지고, 이제는 별 특별함도 없는 평온한 시간의 연속이었다. 이렇게 일상이 바뀌다 보니 생각의 가지를 정리하게 되어 다변적이던 주변의 모습은 많이 정돈했지만, 오히려 게으름을 피우게 되는 보완도 생겼다.

2천도계의 한계를 접하기 시작하면서 점점 수련에 흥미를 잃게 되었다고나 할까. 잠시 정신적인 공황을 맞으면서 한계를 느끼던 중 어느 날인가, 또 다시 가슴속에서 용맹정진의 마음이 강하게 일어나 상천上天에 대한 그리움과 스스로의 존재에 대한 알 수 없는 목마름이 다가왔다. 제법 긴 시간의 게으름을 접고 이제 서서히 웅비를 기다린다.

한기 13년 6월 25일 2001년 8월 14일 12:51

곤룡포

비가 내리고 더위가 한풀 꺾였다. 어디선가 불어오는 바람이 눈을 시원하게 하고 마음을 흐뭇하게 한다. 왠지 수풀 속을 거닐고 싶은 생각이 들어 한마음 내어 산문山門의 벗을 찾아 발걸음을 옮겼다. 여전히 넉넉한 마음으로 맞이해 주는 도반들과 가벼이 인사를 나누고 시원한 산수山水를 동이에 받고는 넓은 뜰에서 원신과 하나 되어 망각의 세계로 빠져들었다. 옛 사람들의 춤사위와 무예武藝의 부드러움과 강건함 사이를 노닐듯이 오가며 천상과 지상에서 풍류를 즐겼다. 문득 양신 없이 육신만 원신에게 주어 볼까 싶어 잠시 의식을 깨었다가 다시 시작하니, 역시 한당 선생님의 경지에는 아직 턱없이 못 미침을 느꼈다. 그 느낌 속에 한 생각이 일어났다.

멀리 타국에 계신 한당 선생님 잠깐 미국에 계셨다을 한번 찾아가 뵐 수 있을까 싶어 원신의 모습으로 계신 곳에 다다르니 몇몇 반가운 얼굴들이 보였다. 그분께서는 보이지 않으시기에 간절히 마음을 두었더니 순간 아주 찬란한 빛무리가 나타났다. 그 속에 진중하고도 위엄 있는 왕관을 쓰고 곤룡포 비슷한 옷을 입은 어떤 분이 계셨다. 부드럽고 온화한 느낌은 지금 이 순간에도 생생한데, 정확한 이목구비는 아쉽게도 보이지 않았다. 도계를 넘나들면서도 이런 일에 스스로 신기해하던 찰나 위엄 있는 분의 모습은 사라졌고 환하게 미소 지으시는 한당 선생님의 모습만 그곳에 있었다. 어쩔 수 없는 부족함인지, 스스로 믿어지지 않았음인지 인사만 드리고 급히 돌아와 버렸다.

'내가 제대로 본 것일까.' 스스로 신기했다. 혹시 통화가 허락된다면 타국에 계실 때 문안을 드려 스스로 신기함을 벗고자 한다.

한기 13년 6월 25일 2001년 8월 14일 20:05

눈꽃

산골에서 입식立式으로 잠시 출신해 보았다. 의식의 분할이 조금 힘들기는 했지만 출신이 안 되는 것은 아니었다. 원신을 만나 볼까 하는 심정으로 도계에 승천하는데, 빛의 통로가 이상하게 까맣게 보였다. 이상하게 느껴졌지만 마음에 두지 않고 계속 오르니 위에서 하얀 눈꽃 같은 것이 쏟아져 내리지 않는가.

까만 공간 속에 하얀 눈꽃이라. 참으로 장엄하고 엄숙해 보여서 한참을 바라보다가 그 위의 하늘에 오르니 어떤 할아버지께서 기다리고 있었다. 3천도계공부에 대한 기대가 컸던 존재라 그 이상의 의미는 두지 않는다. 다만 그 까만 공간 속의 하얀 눈꽃은 지금도 뇌리를 가득 채우기에 그간 적적했던 게시판의 분위기를 달구어 본다.

한기 13년 7월 4일 2001년 8월 22일 **13:12**

단선인과 천지인, 도인

예전에 한당 선생님께서 이런 말씀을 하셨다.

"수련자를 그 경계에 따라 호칭을 붙인다면, 단인丹人은 기수련법 대주천을 이룬 사람에게 맞고, 선인仙人은 기수련 후 술術을 터득하여 만물을 이롭게 도울 수 있는 경지 일월성법에서 선인법까지를 끝낸 전신주천 단계를 지칭한다. 천지인天地人은 단丹과 선仙을 가르쳐 줄 수 있는 사람, 즉 양신출신에 이른 이를 말하며, 도인道人은 양신출신 공부 후 도계입천 이상자를 일컫는 말이다."

이를 참고하면, 수련자의 경계는 단인 대주천~선인법, 선인 전신주천~기화신, 천지인 양신 수련자, 도인 도계입천 이상자으로 나눌 수 있다. 여기에 대주천 이하 수련자를 학인學人으로 덧붙인다면 참으로 좋은 호칭이 되지 않을까 한다.

한기 13년 7월 12일 2001년 8월 30일 20:00

일심 一心

일심 一心이란 무심 無心에서 발함이
무극에서 하나가 발함과 같음이라.
무념, 무상, 무아의 경지가
평상심, 항상심, 부동심의 경지가
바로 무심에서 나와 여의 如意했던 것이라.
무심… 무량한 이 말의 한량없는 깊음은
도 道의 본 本을 엿보게 한다.
무 無이고 현 玄인 그것.
마음을 고요히 한다.

한기 13년 7월 16일 2001년 9월 3일 09:34

도담도답 | 실무진의 의미

오랜만에 흔적을 남깁니다. 실무진에 대한 질문이 있군요. 이참에 도문에서 생각하는 실무진을 광의와 협의로 나누어 살펴볼까 합니다.

도문에서 협의의 실무진은 다음과 같습니다. 첫째, 회비를 내지 않고 수련한다. 둘째, 도법을 펼치는 일을 전적으로 한다. 셋째, 도문의 일을 천직으로 알고 일한다.

광의의 실무진은 다음과 같습니다. 첫째, 석문호흡을 알고 수련해서 주위 분들에게 전하는 사람들. 둘째, 체득을 통해 얻어진 공부를 전하는 일에 책임감을 가지는 사람들. 셋째, 도道를 펼침을 천명으로 아는 사람들.

도문에서는 이들을 광의의 실무진, 또는 지로사指路士라 하지요. 이런 의미로 볼 때 질문하신 분은 지로사, 즉 광의의 실무진 또는 준실무진이라 할 수 있습니다. 개인적으로는 세상에 도道를 펼치는 사람 지로사들이 많이 나왔으면 하는 바람이 큽니다.

한기 13년 7월 23일 2001년 9월 10일 20:27

과유불급

과유불급過猶不及.

항상 가슴에 두었던 말이지만

순간순간 경계를 벗어남에 스스로도 깊은 시름에 젖는다.

지나치면 생각이 앞서고 그렇지 않으면 게을러지니

삼라만상의 심득 중에 중中의 묘리는 참으로 득得하기 어렵구나.

한기 13년 7월 23일 2001년 9월 10일 20:39

용맹정진

중中의 깊은 묘리에 고요함을 느껴 게으른 마음을 다스리고 앞선 마음을 당겨 본래의 정진함에 몰두하고자 한다. 때로는 하늘의 섭리가 가혹하다 싶지만 본분을 이탈한 부덕함에 스스로를 탓할 뿐이다.

뜻이 거기에 있음에 순응함이니 오직 용맹정진만이 있을 뿐이다.

한기 13년 7월 24일 2001년 9월 11일 10:44

수도함에

천우天宇의 변화가 열 번 주유하는 동안
심중엔 오직 '일심정진一心精進, 무한불성無汗不成'만 자리 잡았다.
시기를 놓쳐 하늘의 꾸지람도 있었지만
뒤늦게라도 돌아보고 뉘우침이 있었으니
이 또한 하늘의 음복陰福이 아닌가!
진실로 스승님과 하늘의 배려가 없었다면
스스로 소리 없이 어둠의 길로 접어들었을 것이다.

아아, 이 길의 어려움은 무엇인가!
나태하고 성찰함이 없는 자신의 마음을 발견하지 못함이다.
스스로 돌아봄에 부유浮流했던 자신을 깊이 뉘우치노라.

한기 13년 8월 5일 2001년 9월 21일 09:31

알 수 없다

알 수 없다. 복잡다변하게 느껴졌던 세상사의 모든 것이 '현玄'이라는 하나로 귀결되어 오직 무심無心만이 그 심저에 자리 잡고 있음을 안 그날 이후부터 마음은 더없이 평온해졌다.

그러나 알 수 없다. 가슴속의 고요함이 한당 선생님께 느꼈던 고요함과 조금씩 비슷해져 가는 것은 느끼는데, 천상은 사뭇 혼란하기만 하다. 자주 보이는 산천山川의 풍경과 흰 도포의 사람들 아무리 무시하려해도 사라지지 않는 이들의 풍채에 가슴이 술렁인다.

그러나 알 수 없다. 뭔가 하나가 빠진 듯한 허전함이 마음을 약하게 한다. 그것이 무엇일까! 그것이 무엇이기에 고요함은 있되 충만함이 느껴지지 않는 것일까?

참으로 알 수 없다.

한기 13년 8월 18일 2001년 10월 4일 12:23

순수함 2

공부를 하면서 항상 가슴에서 지워지지 않는 말이 있다. 순수함. 과연 무엇을 이름인가? 생각하기에, 공부에 필요한 순수함이란 백치의 순수함보다는 천지간의 섭리를 알아 무현無玄의 이치를 꿰어 군군신신부부자자君君臣臣父父子子함이 아닐까 한다. 무無와 현玄이 품는 극의는 이루 말할 수 없이 무량할 뿐이다.

한기 13년 8월 18일 2001년 10월 4일 12:36

존재 存在

나를 알아 존재가치를 찾으려 했던

수많은 억겁의 세월 속에서

진정 나란 무엇이었는가!

나, 나, 나 했건만 알 수 없는 그 무엇에

또 다른 나를 찾기 위해 몸부림치다.

돌아와 보니 그 자리에 있던 나는 본래 나였음이라.

존재함이란 본시 있었던 그것을 인식함이라.

예전의 나가 지금의 나가 아니고,

지금의 나가 후생의 나가 아니라 해도

본시 있었던 나의 빛은 무한 세월 속에 무량히 존재함이다.

존재의 유무 有無 는 무량의 시공 속에 종이 한 장이로다.

한기 13년 8월 19일 2001년 10월 5일

도담도답 | 심상

안녕하십니까? 한가위 연휴는 다들 잘 보내셨죠. 사주에 대한 질문이 올라왔군요. 사주는 선천 36도수 수리문명에서 나온 것으로 일종의 경험학입니다. 그러나 이 사주학이 전혀 근거가 없는 것은 아닙니다. 분명 사람에게는 운명과 숙명이라는 것이 있고, 이것을 연구한 선인仙人들께서는 여러 가지 학문에 숨겨 놓았는데 그중 하나가 바로 사주학입니다.

하지만 인간에게는 창조주로부터 부여받은 아주 귀한 선물이 있는데 바로 의지입니다. 옛 선인들께서는 "사주보다는 관상을, 관상보다는 심상을 바꾸기가 더 어렵다."라는 말씀을 하셨는데, 이는 곧 심상을 바꾸면 관상도 사주도 다 바뀐다는 의미입니다. 그러니, 질문자분은 전해 들은 사주는 참고만 하고 석문호흡수련을 통해서 보다 나은 심상을 얻기를 바랍니다.

이것이 스스로의 삶을 진실되게 개척하는 것이라 생각합니다.

한기 13년 8월 30일 2001년 10월 16일 09:46

평인平人이로다

도인道人의 내음音이 물씬 풍기고
이 생生에 육신을 가지고도 천상을 넘나듦을
무한한 영광과 뿌듯함으로 여겨 왔다.
허허, 그러나 어찌 알았을꼬!
그것 또한 남이 나를 알아주기를 바라는 마음이
광음의 찰나 속에 있는 듯 없는 듯 숨어 있었음을.
참된 도인道人이란 무엇일까!
우주를 품어 초월했음에도 섭리를 벗어나지 않는,
바로 지극한 평인平人이 아닐까.

한기 13년 9월 6일 2001년 10월 22일 18:25

백운목白雲木

며칠 자리를 비워야 하기에 아침부터 서둘러 먼 산사를 찾아 물을 길었다. 지기를 만나 한잔의 녹차에 이런저런 세상 돌아가는 이야기를 나누다 점심 한 끼니 넘기고 돌아앉아 연이어 녹차로 세월을 잊다보니 해가 이미 서산을 그리워했다. 그래서 가을의 정취도 느낄 겸 국도를 타고 진주로 돌아왔다. 가을이라 그런지 저녁의 스산함이 보는 이의 가슴을 멀리 하늘 끝에 머물게 했다. 문득, 우주선 같은 구름이 앞 하늘에 펼쳐지기에 멍했던 정신을 가다듬어 바라보니 마치 천상의 한 궁宮이 지상으로 내려오는 듯한 형국이 아닌가! 잠시 눈을 감고 시공을 넘어보니 은백색 줄기의 백운목白雲木 한 그루가 보이고, 누군가의 상냥한 목소리가 들렸다.

"오늘은 이 나무의 씨앗을 지상에 내리지요."

그 한 마디에 뒤잇는 여러 말들이 들리고, 절로 환한 웃음이 나온다. 언제부터인가 나에게는 이미 평범한 일상이 되어 버린 이런 상황을 세인世人들은 알까 모를까! 사뭇, 하늘의 심오함에 절로 고개를 숙인다.

한기 13년 9월 14일 2001년 10월 30일 19:06

산중산 山中山

별 뜻 없이 눈을 감았는데 뜬금없이 이어지는 수려한 산세와 아름다운 산중의 여러 모습들이 보인다. 지난 몇 개월 동안 수련을 하면 내 의지와 상관없이 펼쳐지는 이러한 경치에 고개만 갸웃거리고 있다. 거듭 보이는 황금색의 불상들, 그 불상과 합일해서 이 존재 저 존재 쳐다보고 있는 나 자신. 몇 번이나 보이는 고승과 여러 승려들, 도포 입은 산중인山中人들과 더 할 나위 없이 빼어난 미모의 여인들, 빛무리를 지나자 나타나는 수려하고 웅장한 여러 산 중에서 가장 거대한 산의 보호를 받는 듯 보이는 조금 작은 산 정상에 살짝 내려앉았다. 주위를 둘러보니 제법 커 보이는 집이 있기에 그 집의 이름 없는 노인과 만났다.

또 한 번은 별생각 없이 시간 속에 잠겨 있는데, 하늘에 구멍이라도 난 듯 크게 뚫린 빛의 통로가 열렸다. 오르기를 한참 주저하고 있으니 어여쁜 한 여인이 곱게 차려입고 고요히 나타나 살포시 미소 지으며 간곡히 자신을 따르기를 청했다. 어쩔 수 없이 올라보니 수염이 길게 늘어진 할아버지 한 분이 다정한 모습으로 앉아 있고 주변은 오직 바위만 보이는 듯 했다. 말없이 할아버지와 하나 되어 내려 보니 여러 구름들이 펼쳐져 조금 정신을 놓치기도 했다. 아아, 또 마음이 급함인가, 스스로 나무라고 내려오던 차에 여러 존재의 모습이 보여 멍하니 쳐다만 보았음이라. 어찌 이리도 결코 보기를 저어했던 이러한 모습들만 오랫동안 보이는가!

한 순간 한 순간 일어나는 조급한 마음을 스스로 다스리지 못함에 크게 돌아보노라.

한기 13년 9월 14일 2001년 10월 30일 20:33

믿음의 차이

오늘 단동에서 여러 도반들과 정겨운 이야기를 나누다가 내가 도계 생활을 하면서 어려움을 겪는 많은 이유 중에 중요한 한 가지를 정리하게 되었다. 그것은 바로 '믿음'의 문제다.

내가 눈에 보이고 들리는 것에 대한 믿음이 없다는 것은 아니지만, 믿음도 그 나름의 차이가 있음을 오늘에서야 가슴으로 정리했다.

모든 것을 이성적이고 분석적으로 판단하고 설득력 있는 확신이 뒷받침이 되어야만 제대로 믿기 시작하는 나의 오랜 습성, 이것이 도계 생활을 하는 데에 벽 아닌 벽을 쌓았다고 여겨진다. 즉, 직관적인 믿음이 약했던 것이다. 물론 일반적인 기준으로 본다면 그렇게 심각할 정도로 약한 것은 아닌데, 도계 공부를 하기에는 조금 부족하다고 느껴진다.

좋은 수확을 얻은 날인지라 오늘은 참으로 유쾌하다.

한기 13년 9월 16일 2001년 11월 1일 12:41

신선당 神仙堂

직관적인 믿음의 중요성을 인지한 후로 이제는 눈에 보이는 모든 것을 일단 말해 보려고 한다. 이는 분석적인 사고의 발로로 형성된 내 마음의 벽을 뛰어넘어 보려는 의도에서다. 그러니 혹시나 이 글을 읽게 되는 분들은 어떤 의미를 두기보다는 그냥 재미 삼아 읽어 주기를 바란다.

근래 마음의 무거움 때문인지 불상과 도포 입은 존재들이 자주 보였다. 그들은 자신들이 정확히 누구라는 것을 말해 주지 않고 그냥 가만히 쳐다보기만 했다.

오늘 오전, 진주 지원의 수련시간에 수련실을 둘러보니 왠지 허전해 보여 오래간만에 좌정하여 수련에 들었다. 도광영력으로 여의주를 먼저 밝히고 간단하게 운기 복습하려는데 물소리 시디CD가 끝이 났다. 아마 내가 본수련 시간이 끝나기 얼마 전에 앉았나 보다.

자리를 지원장실로 옮겨 다시 앉았는데 뜻하지 않게 빛의 통로 속을 들어간다. 여기가 어디일까 싶어 잠시 들어가는 걸음을 멈추고 주위를 둘러봐도 별다른 것이 보이지 않아 그냥 한번 흐름에 따라 가보기로 했다. 끝없이 지나가고 올라가다가 도중에 그만둘까 하는 생각이 잠시 들었지만 왠지 올라가야 할 것 같은 마음에 계속 재촉하니 멀리서 밝은 빛이 보인다. 희망을 가지고 올라가니 출구가 나왔다. 밖으로 나와 보니 주변이 잠시 어두워졌다가 조금씩 밝아지는데, 내 앞으로 바위 같은 것이 있고 그 위에 어떤 할아버지 한 분이 앉아 계셨다. 할아버지께서는 낡은 도포를 입고 그리 길지 않은 수염에 머리를 조금 산발하고는 퉁명스럽게 말했다.

"아직 여기 올 때가 아닐 텐데… 어찌?"

"모르겠습니다. 그냥 빛의 통로를 따라 올라왔을 뿐인데, 여기가 어디입니까?" 되받아 물으니 "아직 알 때가 아니다." 하고 언급을 피하면서 따라오라는 시늉을 했다. 앞장서서 걸어가기에 묵묵히 한참을 따라가니 깊은 숲 속에 팔각정 같은 정자가 하나 있었다. 그곳에서 머리가 하얗고 흰색 도포에, 제법 긴 수염을 늘어뜨린 할아버지 몇 분이 앉아 차를 나누고 있었는데, 몇 분은 지팡이를 들고 있었고 몇 분은 아무 것도 들고 있지 않았다.

마침 내가 도착하니, 그중 한 분이 얼굴에 만면의 미소를 지으며 반긴다. 앞서 안내했던 할아버지께서 나를 낮추어 소개하니 일어선 할아버지께서 나무라며 "그대가 그렇게 말씀하실 분이 아니니라."라고 했다. 정자로 올라오라 하기에 정자에 오르자 어디론가 데리고 간다. 어디를 어떻게 갔는지도 모르게 어딘가에 당도하니 제법 대갓집처럼 큰 집이 나왔는데, 마치 사당 같았다.

그 집 정중앙에 있는 방으로 들어가니 어떤 할아버지의 초상화가 걸려 있었다. 초상화 속의 할아버지께서는 제법 긴 수염이 인상적이었다. 손에 무언가를 들고 있는데 아마도 총채무협지에서 도사들이 가지고 다니거나 스님이 설법할 때 손에 드는 불자佛子 같은 것 비슷한 것 같았다. 게다가 머리에 뭔가 꽂고 있는 것이 영락없는 신선 분위기다.

좀 더 살펴볼 틈도 없이 같이 갔던 할아버지께서는 그 초상화 앞에서 삼배를 하라고 한다. 다른 때라면 왜 그래야 하는지 물어보았을 텐데, 이번에는 그냥 말없이 따르리라 생각하고 삼배를 드렸다. 그 사당 비슷한 집아주 깨끗하고 청아해 보였다을 나오자 할아버지께서는 손으로 멀리 보이는 산 정상을 가리키며 그리로 가라 한다.

어찌 가야 하는지 일러주지도 않고, 나 또한 어찌 가야 하는지 묻지도 않고 마음 가는 대로 따르니, 빛을 타듯 위로 치올라 구름을 넘어 오른다. 구름 위로 오르니 산 정상이 보이는데, 밑에서 볼 때는 조금 어두웠는데 막상 가까이 가 보니 하얗고 밝게 빛나는 것이 아닌가. 기암 괴석과 절벽의 경치를 맛보며 정상에 다다라 어느 한 곳에 내리니 할아버지 한 분이 보였다. 할아버지께서는 얼굴에 미소를 한껏 품고 "오랫동안 기다렸다."며 살짝 웃었다. 이유 없는 친근함에 말없이 바라보고만 있는데 순간 할아버지와 합일이 되었다.

합일 후 할아버지와 어딘가로 갔는데 그곳의 경치가 참으로 대단했다. 마치 천왕봉 정상에서 구름 사이에 살며시 드러나는 중봉들을 쳐다보는 듯한 감동에 절벽 위의 짜릿함마저 감돌았다. 그러다가 순간 어디론가 날아갔는데, 그곳에는 대궐 같은 집이 있었고 여러 사람들이 바삐 움직이고 있었다. 사람들은 할아버지와 마주치면 공손히 인사를 하고 지나갔다. 대궐집 이곳저곳을 둘러보다가 제법 넓어 보이는 곳으로 들어가니 가운데에 의자가 하나 있었다. 의자에 앉자마자 할아버지께서는 사람을 불러 차※를 가져오라 했다. 불편한 마음과 혼란스러운 심정이 들어 순간적으로 합일을 풀고 앞으로 나와서 할아버지를 쳐다보았는데 할아버지께서는 마냥 미소만 지었다.

길게 늘어진 수염이 미소로 들썩이는 것이 인상적이었다. 한두 잔

차를 나누며 아무 말 없이 시간을 보내다가 이곳이 어디인지는 모르겠으나 이제 지상에 내려가야 하지 않을까 하는 마음을 품으니 할아버지의 모습이 점점 옅어지면서 내 육신이 인식되었다. 육신의 몸이 무언가 한 겹 벗겨지는 느낌이 들면서 강한 빛의 회오리에 싸이기에 바로 눈을 뜨지 않고 가만히 있었다. 한참을 지나 빛의 움직임이 안정되어 몸으로 합일될 쯤에 수련을 파하고 일어났다.

그곳은 어디일까? 내가 신선당神仙堂이라 이른 것은 그때 보았던 분들의 모습이 마치 신선과 같았기 때문이다. 한편으로는 3천도계가 아니었을까 하는 생각도 들지만 의미를 두지는 않는다. 앞으로 무심 속에서도 이러한 모습들이 연속해서 나오면 그때 한당 선생님께 여쭈어볼 참이다.

한기 13년 9월 17일 2001년 11월 2일 20:19

도 道

어떤 이가 혜안이 조금 열려 내게 말했다.

"바다와 하늘이 맞닿아 있는 곳.
 그곳이 그대가 갈 곳이런가.
 하늘이 바다를 맞았음인가, 바다가 하늘로 올랐음인가!
 하늘과 바다가 만나지 않아도 둘이 닿아 있음을 알게 되리라."

의미는 익히 알겠지만, 참으로 어려운 공부인지라 감히 그 뜻대로 받기가 저어된다. 다만, 하늘을 쳐다보면 억겁의 세월 동안 사무친 그리움만 가득 차니, 좌정하여 세월의 무심함에 말없이 한 잔의 차에 심경心境을 싣는다.

한기 13년 9월 17일 2001년 11월 2일 20:33

돌사과

구름 드리우고 하얀 연기 피어오를 때
나 홀로 마루에 앉아 세상사 시름을 잠시 잊는다.
앞에는 마당이요, 뒤로는 토담이지만
산들거리는 바람에 좋기만 하다.
차향이 은근히 그리워 고개를 돌리지만
오랜 이 찾아와 오르기를 원하니
아쉬움 뒤로 하고 시공을 넘는다.
보이는 짙은 숲, 높고 괴이한 절벽이 산수를 더하고
이 사람 저 사람 지나가지만
애써 지우려 하니
오직 한 그루 나무만 보인다.

작은 나무에 작은 열매, 돌사과 같기에
스쳐 지나는 발걸음 잠시 뒤로 하고
진붉은 과일에 마음을 둔다.
그렇게 작아 보이는 나무지만

오랜 세월의 풍상에도 굴하지 않고

그 자리 꿋꿋이 지키니

한 과일 맺더라.

아아, 만고의 진리는 바로 소목소과 小木小果에도 있구나.

한기 13년 9월 20일 2001년 11월 5일 13:01

단비

결실을 맺는 가을의 넉넉함에
조금씩 사람들의 근심이 깊어져 갑니다.
언제부터인가 하늘의 청명함만 높을 뿐
하천의 물은 말라 가고 있기 때문입니다.
들녘의 노란 물결과 땀 흘리는 농부의 이마에
시름이 깊어가는 오늘,
소리 없이 하늘이 울었습니다.
하늘의 눈물지음에 농심農心은 조금이나마
위안을 삼습니다.
하늘이 우리를 버리지 않았음을….

한기 13년 9월 17일 2001년 11월 5일 **13:13**

본질

가르침의 본질이 무엇이든
스스로 만족함이 적어 부끄러움을 가집니다.
사심私心이 무엇이고 집착執着이 무엇인가.
본질은 변함이 없건만 마음이 요동쳤구나!
하지만, 그 본本이라도 가짐에 스스로 위안을 삼습니다.

한기 13년 9월 21일 2001년 11월 6일 11:40

도담도답 | 살생

오늘 큰 실수를 저지르고 말았습니다. 늦었다는 생각에 과속을 해서 국도에서 그만 너구리를 치고 말았습니다. 너구리는 그 자리에서 즉사했습니다. 산에다 묻어 주고 정말 미안하다고 사과를 했습니다. 좋은 곳에 가라고 기도도 했죠. 어쨌든 나의 실수로 살생을 했기 때문에 미안한 마음이 떠나지 않습니다. 도화제 수련을 하지 않았다면 대수롭게 생각하지 않았겠지요. 다음부터 절대 과속하지 말아야겠습니다.

'왓what'이라는 분이 아마도 질문하신 분에게 위로의 뜻으로 올린 듯합니다. 그러나 혹시 오해가 있을까봐 개인적인 생각을 덧붙이고자 합니다. 세상의 모든 생명체는 그 자체로 존귀함을 갖는다고 봅니다. 물론, 사람이 생을 살아가면서 동식물을 취하는 것은 당연히 생존에 필요한 과정이라 이 또한 우주의 이치겠지만, 그렇지 않은 다음에야 살생을 좋은 일이라 하기는 어려울 것입니다.

그러나 자의가 아닌 상태에서 일어난 일을 어찌하겠습니까? 양지바른 곳에 묻고 빌어준 것으로도 아마 너구리는 평안을 얻었을 겁니다.

개인적으로 비슷한 경험을 이야기하면, 예전에 새벽에 집으로 돌아오다가 실수로 야생 노루를 쳤던 적이 있습니다. 그때 참으로 마음이 아팠습니다. 그런데 밤길에 과속하는 차들이 많아 더 이상 손을 쓰지 못하고 그 자리에서 30분 동안 바라만 보았던 적이 있습니다. 야생 노루를 위해서 비는 것 말고는 달리 할 수 있는 일이 없었습니다. 그 이후 생명의 소중함에 대해서 깊이 생각한 적이 많았습니다. 이번 사건을 그런 심득의 계기로 삼으면 좋지 않을까 생각합니다.

한기 13년 9월 23일 2001년 11월 8일 11:31

감격

하루를 시작하는 이른 아침부터 나만의 감동에 사로잡혔다. 미묘한 감동과 벅차오르는 그 무엇이 나의 마음을 가만히 있지 못하게 했다. 무엇이 나를 이렇게 감동에 사로잡히게 했을까!

그것은 오래전에 부탁한 후 잊고 있었던 우리 도문의 노래 가사와 곡曲을 받았기 때문이다. 시디CD에 녹음된 노래를 들으면서 더없는 감격을 맛보았다. '이제 우리도 도문의 노래가 생기는구나!' 하면서 말이다. 물론, 시디CD에는 음률만 있지 가사는 아직 들어가 있지 않지만, 또한 이것이 어떤 이에게는 부족해 보일지도 모르지만 무엇보다 '시작'이라는 의미가 너무나 크다.

한당 선생님께도 보내드려서 들으실 수 있게 하고 싶은 이 노래는 삼천포 지원의 팔달 도반이 작사하고 운송 도반이 작곡한 것을 전문가에게 맡겨서 나온 것이다. 아침부터 지금까지 도대체 몇 번을 들었는지 모른다. 크게 웃음지으며, 두 분에게 깊은 마음으로 감사의 뜻을 표한다.

한기 13년 10월 1일 2001년 11월 15일 09:55

이상한 꿈

꿈을 늘 번잡하게 꾸는 편이었는데 도문에 입문하고 난 후로는 무몽無夢의 생활을 제법 길게 했다. 어쩌다 깊은 고뇌나 고苦의 늪에 빠져 허우적거릴 때 가끔, 아주 가끔씩 꿈을 꾸곤 했다.

그런데 지난 밤 꿈은 참으로 이상했다. 서두는 기억이 나지 않고 중간만 기억이 나는데, 내용은 이러했다. 의자에 앉아 있는 어떤 여자 아이 대략 3~5살 정도 되어 보였다와 이야기를 주고받았다. "저는요, 이제 성징性徵을 없앨 거예요, 성性이 없어지는 거죠." 내심 어린아이가 성징을 없앤다고 말해서 깜짝 놀란 나는 성전환을 한다는 뜻인지 조심스럽게 물었다.

"아니요, 무성無性이 되는 거죠. 아마 전세계에서 저 같은 사람이 3명 있을 텐데요, 제가 처음으로 없어지는 거예요." 아이는 의자에 앉은 채로 웃으면서 사라졌다. 꿈속의 그 장면이 너무 기묘하고 생생해서 한번 적어 본다.

한기 13년 10월 2일 2001년 11월 16일 18:43

가화만사성 家和萬事成

공자의 '수신제가치국평천하修身齊家治國平天下'라는 말이 참으로 지당하다는 생각을 요즘 많이 한다. 수도修道란 '수신修身'을 말하지만, 펼치는 것은 '제가齊家'부터가 아닐까. 자신이 아무리 높은 도道의 세계에 있고 많은 주변 사람들에게 깊은 공부를 전한다 해도, 자신의 가족이 도道가 무엇인지 알지 못한다면 과연 그것이 후천에 즈음한 도법의 펼침이라 할 수 있을까?

후천은 현실적인 천상이 현실적인 지상으로 내려와 지상의 조화선국을 이루는 시대가 아닌가. 선천의 공자는 사실 '제가'를 잘 하지는 못했다. 그렇다고 공자께서 성인이 아니며 가르침을 잘못 전했다고 생각하지는 않는다. 그러나 내심 한편으로는 그의 말처럼 '제가'까지 잘했더라면 하는 아쉬움도 남는다. 어쩌면 우리들의 욕심인지도 모르겠지만 말이다. 후천의 도법은 바로 자신과 자신을 둘러싸고 있는 가정에서부터 시작됨을 간과해서는 안 된다. 스스로 생각하기에 참으로 우리 공부가 인간으로서 해야만 하는 가치 있는 공부라고 생각한다면 주변에 도道를 전하면서, 특히 자신의 가족에게 인내를 가지고 꾸준히 전할 필요가 있다. 여기서 우리는 '천 마디 말보다 자신의 한 가지 행동'이 더 깊은 '도_道의 전함'인 것을 잊어서는 안 되겠다.

옛 선인들의 '가화만사성_{家和萬事成}'이란 말은 오늘날의 도인_{道人}들에게도 깊은 여운을 남긴다.

한기 13년 10월 2일 2001년 11월 16일 18:58

은거 隱居

풍진 風塵을 뒤로 하고 홀연히 운무 雲霧에 몸을 숨겨
깊은 골짜기 초막에 이슬을 벗삼아
다향 茶香의 깊은 내음에 젖는다.
북풍 北風에 몸을 실어 대륙 구만 리 창천 蒼天을 날아
이 경계, 저 능선을 넘어 까만 밤 하얀 연기와도 같은
달무리 등대 삼아 무릉도원에 이른다.
오색빛 찬란한 심문 心門을 열어 무색 無色 마을에 드니
아하, 내가 어디 있는가!
문득, 자리의 구별이 없어지니
무릉이 참으로 예 있었구나.

한기 13년 10월 2일 2001년 11월 16일 19:07

찾는 이[시]

벽지에 좌정하여 깊은 삼매에 빠져
세월의 흐름을 잊고 사는 이에게
찾는 이 왜 이리 많은가!
삼라森羅의 일이 늘 그러하듯
본진本眞의 모습을 찾지 못한다면
무엇이 이로울까!
수많은 이들의 배알을 받지만
홀로 청청淸淸하니 탁류濁流에 휘말리지 않음이라.
아하, 심기心氣가 삼천대천三千大天을 벗어나
여여함이 무無와 같음인데 어찌 쉬이 젖겠느뇨.

한기 13년 10월 5일 2001년 11월 19일 12:43

언행言行

10년을 나름대로 수도하고 도道를 펼치면서 살아왔다. 수없이 많은 사람들에게 도道에 대한 말을 하고 스스로 모범이 되려 노력했다. 그러나 때로는 그 모든 것들이 허무하게 다가온다. 세인들은 그런 말을 들으면 그것이 옳다고는 했겠지만 정작 행한 것은 무엇인지!

스스로 수도한다고 생각하는 사람들은 혹여 자신을 내세우고 있지는 않은지 깊이 생각해 봐야 한다. 말과 생각은 도道에 두지만 정작 그 도道는 구름 위에 부유하고 있음이라.

한기 13년 10월 5일 2001년 11월 19일 20:50

사심 師心

지난 주말 즐겨 보던 TV드라마 '태조 왕건'에서 눈여겨 볼 것이 하나 있었다. 의형인 왕건이 좌우 신하들의 거듭되는 주청奏請을 받아들여 의제인 유금필 장군을 삭탈관직하고 유배를 보내는 장면이 참으로 인상적이었다. 유장군은 아무런 잘못도 없이 다른 신하들의 시기를 받았고 왕건은 무마책으로 어쩔 수 없이 그들의 청을 받아들였던 것인데, 중요한 것은 유장군의 행동이었다. 그는 아무런 항변도 하지 않고 왕건의 명을 받아들였다. 한 번 정도는 서운해할 수도 있었을 텐데도 말이다.

10년간 한당 선생님께 꾸지람만 들었던 나로서는 이 부분에서 가슴이 뭉클했다. 스승의 마음은 제자를 미워해서가 아니라 더 큰 공부를 시키기 위함이었을 텐데, 가슴 한구석에 서운함을 가졌던 내 자신이 못내 부끄러웠기 때문이다. 선가에서는 구정선사에 대한 일화가 구도자들의 마음을 적시기도 하지만, 역시 행行은 어려운 것이다. 한당 선생님께서는 내가 10년을 문하에 있었다 해서 '인내와 끈기'를 인정해 주겠다고 하셨지만, 과연 내가 그런 말씀을 들을 정도였는지 사뭇 부끄럽지 않을 수가 없다. 진실로 언제쯤이나 한당 선생님의 마음을 헤아릴 수 있을지 아득히 멀기만 하다.

다시 한번 세월을 뒤로 하고 묵묵히 삼매에 든다.

한기 13년 10월 6일 2001년 11월 20일 09:45

실무진의 길

누군가가 "도문의 실무진은 어떤 존재입니까?"라고 물으면 나는 스스럼없이 "성직자입니다."라고 답한다. '성직'이란 말은 어떤 의미일까.

사람들의 정신을 건강하게 하고 사람들에게 천지간의 섭리를 바로 볼 수 있는 안목을 가지게 하는 직분이 아닐까 한다. 이러한 관점에서 본다면 실무진은 성직자다. 그러나 우리는 선도의 자유분방함을 바탕으로 산문山門이 아니라 세상 속에서 세인들과 함께 살아가면서 도道를 닦고 펼치는 사람들이라 절반은 속인이기도 하다. 그래서 나는 개인적으로 실무진이라면 70%는 선도인仙道人의 자유분방함을 가지고 30%는 성직자의 풍모를 가져야 한다고 말한다.

사람들은 실무진이 사회경험이 부족하다는 말을 종종 한다. 그러나 나는 이런 말에 전적으로 동의하기는 어렵다. 보편적으로 볼 때 사회경험이란 무엇인가! 그것은 여러 무리를 이루는 사람들의 군집 속에서 생을 영위하면서 겪는 이런저런 것을 말함인데, 그 이면에는 적당히 사람들 비위를 맞추고 적당히 속을 감추면서 자신의 이득을 취하고자 하는 유형의 행위들도 포함되어 있을 것이다.

도문도 세상 속에서 이런저런 사람들을 대하며 활동하고 있으니 당연히 사회집단이다. 그러나 일반적인 사회집단은 아니다. 우리는 도道를 추구하는 사람들이 모인 집단으로서, 앞서 언급한대로 많은 사람들에게 천지의 섭리를 바로 볼 수 있는 안목을 전하고자 하는 사람들의 군집인 것이다. 이런 특수성을 가진 집단의 사람들이 '적당히'라는 것을 가슴에 담아 둔다면 어떻게 절반이라도 '성직자'라는 단어를 사용할 수 있겠는가?

나는 도문의 실무진은 사회활동을 하는 사회인이면서 또한 성직자라고 말한다. 우리는 세상 사람들이 사는 이 지상, 즉 우리의 사회에 실재하는 천상이 내려오게 하고자 하는 사람들이지 산 속에서 일부 특정인들에게만 도道를 전하려는 사람들이 결코 아니라는 것을 우리 스스로도 알아야 하고, 또한 우리를 바라보는 사람들도 알아야 한다. 이러한 관점에서 실무진을 바라보아야 하는 것이다.

세상에 도道를 펼치면서 절대적으로 도道의 원칙만 가지고 세인世人을 대하는 것이 능사는 아니며 원칙 없는 융통성만 고집하는 것도 능사는 아니다. 그래서 나름대로는 70%의 도道의 원칙과 30%의 융통성을 가지려 한다. 만약 도道를 닦고 펼치는 사람들마저 작금에 만연한 세태처럼 그렇게 살아간다면 어떻게 이 지상, 이 사회 속에 도道가 영글어지겠는가!

한기 13년 10월 6일 2001년 11월 20일 10:01

한계 2

스스로 한계를 느낀다. 수련에 있어서, 또한 내 개인과 가정에 있어서 뿐만 아니라 도문에 있어서도 극한까지 와 있다는 생각이 든다.

위로는 한당 선생님과 사형들, 아래로는 많은 사제들을 두고 있는 실무진으로서의 나, 절반의 사회인으로 살아가는 사회인으로서의 나. 수도자이며 하늘의 뜻을 따라 도道를 펼치고자 하는 나, 절반은 사회인인 나, 그리고 그런 나와 함께 살아가는 우리 가족.

조화를 꿈꾸며 나름대로 노력하지만 때로는 한계를 느낀다. 이제는 정말 은거해서 좌정하여 삼매의 향기 속에 내면을 충만하게 해야 할 시기인가 보다. 하늘의 커다란 그릇을 가슴에 품어야만 어깨의 이 무게를 이겨낼 수 있으리라.

가만히 초야의 깊은 풍경에 사로잡혀 삼만 리 운무 밖으로 벗어나 본다.

한기 13년 10월 23일 2001년 12월 7일 11:00

잠언箴言

한 음성을 전한다. 이는 본래 특정인에게 한 말이나 공히 감읍함이 있으리라 생각하여 여기에 공개하니 마음으로 들어 주기를 바란다.

"내 그대에게 잠언하리니, 전하여 가슴으로 경청케 하라. 천지天地의 섭리에 도道가 있음이니, 그 첫째가 노력과 정성이고, 둘째가 초지일관함이고, 셋째가 순수와 진실이며, 넷째가 조화이니라. 사업을 한다 생각지 말고 세상에 나아간다[出世] 생각하라."

"세상에 나아감이란 무엇일까. 스스로 돌아보고 주변을 살펴 널리 세상을 이롭게 함이라. 또한 세상에 나아감에 상도商道를 따른다면 사람의 귀중함을 잊어서는 아니 될지니라. 본시 사람의 귀함은 그 마음에서 시始하고, 화和에서 영글어지니 이 화和를 위해 진의眞意, 진언眞言, 잠언箴言해야 함이라. 이를 자신으로 화化한다면 어찌 세상에 참되게 나아가지 않는다 하리오."

한기 13년 11월 5일 2001년 12월 19일 15:01

홀로 고요함에 머무노라

깊은 산 두메 흐르는 개울 소리에
사뿐히 휘날리는 버드나무잎 소리,
한적한 정자에 다기 물 따르니
적막함을 깨고 뒷산으로 소식 전함에
오랜 벗들 들썩거리는 가슴을 부여잡고
샛바람 몸 실어 조용히 찾아온다네.

미향에 푸욱 잠겨 천하의 대소를 잠시 잊고
고요와 적막을 뒤로하고 벗들의 방문마저 잊었음에
천하에 홀로 고요함에 머무노라.

한기 13년 11월 6일 2001년 12월 20일 12:56

도道를 전한다는 것

10년간 도道를 전하는 일을 해 오면서 '도道를 전한다'는 것에 대해 고민하게 되었다. '도道를 전한다' 하면 무엇인가 신비롭고 평이하지 않은 사상을 전하는 것으로 인식되어 있으나 내 생각은 조금 다르다.

도道를 전함이란, 타인에게 '건강과 행복, 자유와 여유'를 전하는 것이라고 정의하고 싶다. 하늘의 섭리를 알고 그 이치대로 삶을 영위해 나가면, 자연스럽게 자신의 건강과 참다운 행복의 의미를 심득하게 되기 때문이다. 도道를 전하는 우리는 신비한 무언가를 전한다고 생각지 말고, 많은 사람들에게 행복을 나누어 준다고 생각하고 움직여야 할 것이다.

한기 13년 11월 17일 2001년 12월 31일 09:52

절대고독

도道를 알기 전부터 시작해서 도道를 알고 난 지금까지 가슴속에서 떠나지 않는 절대고독 때문에 그간 참으로 힘겨웠다. '이것이 과연 무엇일까' 하고 밤을 지새웠던 수많은 나날.

지금에 이르러서야 한 가지 결론에 도달했다. 그것은 바로 태곳적 빛의 고향에 대한 그리움이었음을. 멀지도 가깝지도 않은 고향에 대한 향수를 그간 고독으로 여겼던 것이다. 이제는 이를 여유로움으로 승화시켜서 많은 수도자들에게 지표가 되어야겠다. 나의 오랜 벗이기도 했던 절대고독은 이제 지상의 삶 속에서 여유로움이 된 것이다.

한 줌의 먼지 속에서 태고의 숨결을 느낀다.

한기 13년 11월 20일 2002년 1월 3일 13:56

자성 自省

지금까지 살아오면서 항상 가슴속에 자리 잡고 있던 고독감에서 벗어나면서 지난날의 잘못에 대한 자성이 일어난다. 그렇게 큰 그릇도 아니면서 모든 것에 마음을 두어 이 욕심, 저 욕심을 가지다가 분별력을 잃어 수도자의 품상品狀을 저해하기도 했다. 한때는 내가 아니면 아무것도 안 될 듯한 자만심이 하늘 높은 줄 모르고 솟은 적도 있다. 한당 선생님께 나도 모르게 무례한 언행을 했던 적도 있다. 도道를 펼친다는 명분에 사심을 가졌던 적도 있다. 하늘의 섭리를 잠시 혼란스럽게 했던 적도 있다. 이 모든 지난날의 잘못을 진심으로 가슴 깊이 뉘우치고 스스로 절차탁마함을 잃지 않겠다고 하늘과 천하의 도반들에게 약속하는 바다.

그러나 스스로 자성과 반성을 하면서도 무엇보다 한당 선생님께 감사함이 앞선다. 참으로 어리석은 제자였는데, 오늘날처럼 조금은 인간이 된, 조금은 더 도道에 가까워진 사람으로 거듭나게 하셨기 때문이다. 이제 다시 나의 본연의 자리로 돌아가려고 한다. 잠시 세월을 허망하게 바라보고 인간사에 대한 실망이 가득했던 마음에 문득 여전히 순수함이 충만하게 남아 있음을 느낀다. 이에 지난날의 자성마저 일어나니 스스로 공부가 짧음이 가슴에 크게 와 닿는다. 홀로 서니 문득 고요함이 곁에 와 있음이라.

한기 13년 11월 20일 2002년 1월 3일 **15:19**

낙화정 落花亭

검은 밤 밝은 달 휘영청 떠오르기에
조용히 숨 골라 구름 넘어 한적한 두메를 찾는다.
깊은 호수 한 치의 일그러짐 없이
호젓이 비추이는 백월 白月 의 모습은
쏟아지는 꽃향기 듬뿍 담아내지 못한다.

아, 기암절벽 한 평의 정자에서
멀리 구름에 천향 天香 실어 보냄은
나만의 즐거움인가.

만약 현학이 노닌다면 같이 어울려 보리라.

한기 13년 12월 3일 2002년 1월 15일

도안 道眼

도계공부를 만 2년 정도 하면서 도안道眼에 대한 심득이 늘 불안정해서 항상 가슴이 무거웠다. '보려고 하면 보이지 않고, 보는 가운데 보이게 되는' 경지란 참으로 어려운 경지였다. 오랜 고뇌와 화두 끝에 오늘 새벽 조금은 안정된 심득을 하나 얻었다.

창조주에 의해 파생된 세상의 이치는 오직 하나인 근본으로 돌아가게 되어 있다. 그렇다면 가시적인 관점에서 사물을 보는 이치와 비가시적인 관점에서 사물을 보는 이치는 나름 연관성이 있지 않을까. 이런 마음이 들어, 곧바로 시험에 들어가 그것을 확인해보았다.

수련자가 기화신을 통해 신神이라는 빛의 존재로 변화를 한 상태가 되면 정확히 표현하면 육신에서 분리되어 나온 의식체를 말한다 그 자체가 우리 눈의 수정체와 같은 작용을 하게 된다 모든 정보를 받아들일 수 있는 준비가 되어 있는 상태가 된다.

즉 물과 같이 청명한 내면의 거울이 되어 모든 것을 인식할 수 있게 되는데, 그것은 곧 주변의 대상들을 그렇게 인식할 수 있도록 투영되어 들어오는 정보를 변화시킨다는 뜻이기도 하다. 그렇게 빛의 존재로 변화한 상태에서 정보를 인식하기 위해서는 청명한 내면의 거울에 의식의 빛이 집중되어야 하는데, 그것을 '몰입'이라고 지칭하는 것이다.

여기서 흥미로운 것을 발견하게 된다. 내면의 눈인 이 '청명한 거울'의 작용에 상단전 여의주인 인당이 깊이 관여한다는 것이다. 이 상주는 신神에 의해 수집된 정보를 내면의 거울 즉, 심안心眼에 인식될 수 있는 정보로 변화시키는 작용을 한다.

그런데 우리는 인당의 지나친 자극에 반응하여 우리의 의식을 내면의 거울로 보내지 못하고 상주로 보냄으로써 정작 거울로 정보를 받아들이지 못했던 것이다. 따라서 '본다'는 관점에서 말하는 몰입은 내면의 거울에 의식을 분포하는 과정이지 상주에 의식을 분포하는 것이 절대 아님을 간과해서는 안 된다.

양신을 출신했을 때도 빛 그 자체에 의식의 비중을 두어야 '양신을 통해 육신으로 본다'라는 관념을 가지게 되면 이후 공부에 도움은커녕 방해요인만 될 것이다. 양신은 양신으로서 독립된 개념의 존재라는 인식이 양신의 활동에 커다란 생명력을 불어넣을 수 있으리라 여겨진다.

한기 13년 12월 3일 2002년 1월 15일 10:13

신명심神明心

도안道眼을 앞서 말한 바와 같이 정의하면서 신명심神明心은 과연 어떤 것인지를 일상적인 관점에서 조금 더 논리적으로, 정의해 볼까 한다.

신명심이란, 기화신을 통해 몸을 신화神化시킨 사람의 경우 신神의 관점에서 빛의 스펙트럼spectrum을 받아들이게 되는데, 이때 최초 창조될 때 부여된 의식이 드러나서 그것을 중심으로 인식하고 판단하는 마음을 말한다. 그래서 빛으로 판단하는 의식이 바로 신명심의 시작이리라 추측해 본다.

한기 13년 12월 3일 2002년 1월 15일 10:37

허전함

세월이 흐르고 어느덧 마음을 돌아볼 여유를 갖게 되니 문득 찾아드는 허전함을 감내하기가 어렵다. 마치 인생을 다 산 사람처럼, 마무리 짓는 자의 심정 같은 이 쓸쓸함은 무엇일까.

그렇게 충만하지도, 그렇게 비어 있지도 않은 내면의 그릇은 그리움으로 인해 어디론가 시선을 고정시킨다. 까만 그믐 같은 고독에서 벗어나자 황망하게 와 닿는 허전함이란.

겨울 속에서 홀로 가을을 느끼게 된다.
잎새에 바람이 일기 때문일까.

한기 13년 12월 5일 2002년 1월 17일

완연한 충만감

무언가를 하나 얻고 난 후, 비어 있지도 가득 차 있지도 않은 알 수 없는 허전함. 그 마음에 그리움이 일어나 지난 며칠 하늘을 참 많이도 보았다. 새 생명이 움트기 전의 고독감과 적막감을 맛보아야만 했다. 무엇이 나를 고요함에 젖게 했을까. 떠오르는 여러 생각에 숨 속으로 몰입해 들어가지 못하니 사뭇 아쉬웠다.

'그래, 시간이 흘러야겠지.'

소리 없이 다가올 때까지 가만히 운무에 젖어 있어야겠다는 심정이 내면을 가득 채웠다. 늦고도 이른 귀가, 짧은 명상 같은 수련, 고요한 휴식 이후에 찾아오는 완연한 충만감. 이제 다시 새로운 생명의 기운이 시작되었다. 얼어붙은 겨울날, 따스하고 포근한 아침 햇살은 나만의 여유로움인지.

한기 13년 12월 5일 2002년 1월 17일 14:56

초야 草野

잘못이 있다면 반성을 해야지.
급함이 있다면 돌아보면 되지.
부족함이 있으면 채우면 되지.
무엇이 문제인가!

조용히 초야 草野에 묻혀 천하를 굽어보리라.

한기 13년 12월 6일 2002년 1월 18일 09:55

명경明鏡

도안道眼의 참됨은 명경明鏡같은 마음에 있다. 이런 마음은 누구에게나 중요하겠지만, 수도자들에게는 좀 더 남다르다. 나는 잠시 광명光明 같은 밝음에 먹구름이 끼게 하여 이 명경 같은 맑음을 흐리게 하였기에, 스스로 도안을 불안정하게 만들었다. 오늘은 이 점을 깊이 반성하고 성찰해서 절차탁마하고자 한다. 이는 과유불급을 실천하지 못한 스스로를 돌아보는 것이기도 하다.

첫째, 족속族屬에 마음이 기울어 있었음을 반성한다.
둘째, 도인으로서 중지를 잃어 불필요하게 도력道力을 사용한 점을 반성한다.
셋째, 용맹정진하지 못했음을 반성한다.
넷째, 남이 알아주기를 바랬던 마음을 반성한다.

스스로 중지를 세워 정도正道로 걷고 정도正道로 펼치는 것으로 이를 경계하고자 했으나, 아직 어리석고 부족함이 많아 부지불식간에 경계를 넘었음이 못내 마음의 짐이 되어 털어 버리고자 한다.

"여러분들은 그간 부족했던 본인의 모든 언행에 대해서 크게 비판하고, 도인의 품상에 대한 환상과 신비로움은 버리되 중용中庸의 도리를 다시 한번 가늠해 보시기를 바랍니다. 이는 '족속族屬에서 벗어나라'는 천상天上의 진중한 조언에 다시 한번 뒤를 돌아보며 반성한 것이니 오해 없기를 바랍니다."

한기 13년 12월 6일 2002년 1월 18일 **20:25**

눈물을 잊은 세월

이런저런 주변의 번잡한 기운을 정리하고 소멸시키면서 내가 너무나 감상적으로 변했다는 사실에 놀란다. 요즈음 사람 공부를 해서 그런지 생로병사生老病死와 희로애락喜怒哀樂이 참으로 강하게 밀려온다. 눈물을 잊은 지난 세월에 그간 흘리지 못했던 눈물을 보상이라도 받는 것인지 자꾸 가슴이 뜨거워지곤 한다. 그러나 여전히 눈물이 흐르지는 않는다. 그동안 너무 지나치게 절제하고 참고 가슴으로 삼켰기 때문일까. 한번 정도는 흘릴 만도 한데.

그러한 가운데 뜬금없이 이런저런 생각들이 많이 올라와서 두서없이 적어 본다. 인간이라는 존재는 참으로 오묘하다. '창조주께서 너무나 멋지게, 매력적으로 만드시지 않았나' 하고 하루에도 수십 번은 감탄을 한다. 그리고 이제는 글 쓰는 것도 좀 배우고 싶은데 어떻게 배워야 하는지 모르겠다.

6신통도 더 많이 정리해야 한다. 요즈음 들어 한당 선생님의 가르침이 조금씩 더 이해가 된다. 6신통을 강조하신 이유를 알겠다.

내게 주어진 일이 무엇이든지 신명을 다해 임할 것이다. 그것이 곧 내가 살아 있다는 증거가 아니겠는가. 사람다운 삶, 수도를 하는 것이 사람다운 삶을 만들 것이라는 결론으로 이런저런 뜬금없는 생각을 갈무리해 본다.

한기 13년 12월 7일 2002년 1월 19일 14:57

상선약수 上善若水

상선약수란 바로 자연스러운 흐름을 말함이 아닐까.

최근 여러 가지 내면의 변화와 소리 없이 다가온 심득을 통해 완연해진 충만감을 느끼면서 스스로의 운신을 깊이 생각해 보았다. 천지간의 일이 자연스러움을 벗어날 때 천재지변 天災地變 이라 말하듯이 물이 고요히 흘러가지 못하고 한 곳에 하염없이 머물기만 한다면 썩기 마련이다. 수도하고 펼치는 부분도 이와 같지 않을까.

잔잔함이 고요 속으로 녹아드는 것이리라.

한기 13년 12월 10일 2002년 1월 22일 15:11

광명 光明

즐거운 이[人]와 유쾌한 도담을 나누는 사이에 넓게 펼쳐진 우주가 보였다. 은하와 무수한 별들이 아름다웠다. 도대체 저런 아름다움이 어디에서 나왔을까 한참을 쳐다보다 제안했다. "혹시 여행 같이 가시지 않겠습니까?" 너무도 고요하고 황홀한 느낌에 그렇게 제안을 했던 것이다. 빛으로 보이는 상대의 모습 또한 너무나 아름다운 고요한 밤에, 은하의 빛을 타고 그 곳으로 갔다.

알 수 없는 잔잔한 충만감도 있었다. 아마도 우리는 어떤 차원의 문을 지나온 듯 했다. 아주 하얀, 투명한 듯한 밝은 빛이었다. 그 빛이 우주를 뒤덮듯이 퍼져 나가기에 정면으로 들어가 보았으나 보이는 것이 아무것도 없어 그냥 돌아오고 말았다. 그 거성巨星의 아름다움, 충만함, 고요함이 잔잔한 내 마음을 흔들고 말았다. 너무나 그리워지기 시작했다. 그리움이 넘쳐서 말을 잃고 말았다.

한기 13년 12월 17일 2002년 1월 29일 00:26

감사하는 마음

오늘 잭 웰치가 쓴 『끝없는 도전과 용기』청림출판, 2001 라는 책을 다 읽었다. 개인적으로 여러 생각이 일어났다.

역시 모든 단체의 중심은 '사람'이라는 나의 생각을 간접적으로 확신하게 되었다. 뿐만 아니라, 오늘날의 '잭 웰치'가 있게 된 것은 자신만의 노력이 아닌 도와준 모든 사람의 노력이라면서 감사의 마음을 깊게 피력하고, '나'라는 말보다는 '우리'라는 말을 사용하는 데 주저하지 않는 그의 내면을 엿보면서 깊은 공감대를 가지게 되었다. 사실, 나는 운 좋게 한당 선생님을 만나 오늘날의 내가 되었다는 생각을 항상 한다.

스스로 돌아보건대, 너무나 부족함과 어리석음이 많았던 나는 여러 시행착오를 겪었다. 그 과정에서 또한 많은 사람을 원망하고 서운해 하기도 했다. 뿐만 아니라 하늘 무서운 줄 몰랐던 때도 있었다. 아직도 하늘의 엄중함을 모두 안다고 할 수는 없지만, 이 모든 잘못과 실수에도 한당 선생님께서는 나를 품으시며 지금까지 공부를 이어주셨던 것이다. '잭 웰치'의 자서전을 읽으면서 오늘의 나를 있게 해 준 모든 사람들에게 감사하다고 표현하는 것을 아껴서는 안 되겠다는 생각이 문득 들었다. 새삼스럽게 지난날을 돌이켜보며 한 번 더 스스로 반성한다. 모든 분들의 고마움에 대해 내가 해 드릴 수 있는 최선은 바로 이 하나인 듯하다.

"정도正道로 걷고 정도正道로 펼치며 조화造化를 통해 도성구우道成救宇를 이룬다."

한기 13년 12월 18일 2002년 1월 30일 13:02

무한한 마음

10년의 세월 동안 나는 오직 한 가지만 생각하려고 노력했다. 그중 후반부 5년은 진실로 한 가지만 생각했다. 지금 나에게는 오직 하나만이 있을 뿐이다.

"정도正道로 걷고 정도正道로 펼친다."

유한한 시간 속에서 지난 10년 동안 내 마음의 어떤 부분은 변했을 것이다. 그리고 하늘이 나에게 부여한 지상의 시간이 끝나는 그 어느 날까지 나의 어떤 마음들은 계속 변할 것이다. 그럼에도 변하지 않을 한 마음이라면 바로 이것이다.

"정도正道로 걷고 정도正道로 펼친다."

세상은 혼자의 힘으로 도道를 펼칠 수 있는 곳이 아니다. 또한, 도道라는 거대한 무형의 어떤 것을 지상에 꽃피도록 하려면 스스로 어떤 고난과 역경이나 기쁨과 즐거움 속에서도 변치 않을 자신만의 강한, 금강석과도 같은 중지가 있어야만 한다. 지난날, 초발심을 일으킬 때의 열정과 순수함이 세월의 풍파를 이기지 못하고 스스로 주저앉는 모습들을 많이 보았다. 그들의 열정이 너무나 강력하고 단단해서 깨질 것 같지 않았으나 초발심을 뒤로한 채 공부를 접는 경우를 여러 번 보면서 사람 마음의 유한성에 깊이 실망하기도 했다.

지금의 석문호흡 수도자들은 어떠한가! 마음은 본래 무한한 것이나 유한해지는 습관을 넘어서지 못하면 그 본래의 무한한 마음도 마치 바람에 구름 흩어지듯 흩어져버릴 것이다. 도道를 가슴에 지니고 있다면 스스로 무한한 마음을 엿보길 바란다.

한기 13년 12월 19일 2002년 1월 31일 **10:28**

정情

오랫동안 하늘이 인간에 대해 깊은 애정愛情을 가졌음을 나는 알지 못했다. 그것을 알지 못해 많은 서운함과 한恨으로 얼룩져서 하늘에 대해 지나친 반감을 가진 적도 있었다. 그러나 공부의 큰 벽을 하나 넘으면서 그간 얼마나 많은 하늘의 사랑을 받았는지 새삼 깨달았고, 그 사랑에 뜨거운 눈물을 흘렸다. 한당 선생님께 너무나 감사했고 하늘의 신명들이 너무나 고마웠다. 뿐만 아니라 주위의 모든 도반들과 천지만물이 참으로 사랑스러웠다. 그 사랑스러움이 오히려 깊은 절대고독이 되기도 했지만, 그 모든 사랑을 창조주께서 만드신 모든 삼라만상에게 돌려주고 싶었다.

그래서 보은의 시작으로, 하늘 도법의 씨앗을 지상에 뿌리고 심는 것이 내게는 절대목적이 된 것이다. 누가 시키지도 않았고, 강요하지도 않았다. 다만 내 마음 깊은 곳에서 흘러나오는 진실하고 순수한 사랑 그 자체가 이끄는 일이었다. 이 모든 것이 어리석고 부족하고 여전히 미흡한 나에게 깊은 내면을 찾도록 절대사랑을 주신 한당 선생님께 은혜를 갚는 시작이라 여긴다. 또한 세상의 은혜를 갚는 씨앗이라 여긴다.

진실로 참된 하늘의 마음, 정情은 눈이 아니라 그 마음으로 보고 느낄 수 있는 것 같다. 마음으로 보고, 마음으로 판단하고, 마음으로 행하는 그것이 나에게 참된 길이 아닐까. 이렇게 늦게나마 깨우치게 된다.

석문도담
천광천로 3

초판 1쇄 발행 2016년 12월 12일

지은이 한조
펴낸이 이승우 | **조판** 성인기획 | **인쇄** 영신사

펴낸곳   석문출판사
         경기도 수원시 장안구 만석로 241 석문빌딩 3층
         전화 031-246-1360 | 팩스 031-253-1894
         등록번호 2005년 12월 20일(제25-1-34호)

Copyright ⓒ 한조, 2016

ISBN 978-89-87779-28-7
      978-89-87779-22-5(세트)

이 책은 저작권법에 따라 보호받는 저작물이므로 무단전재와 복제를 금하며, 이 책 내용의 전부 또는 일부를 이용하려면 반드시 저작권자의 서면 동의를 받아야 합니다.

• 책값은 뒤표지에 있습니다.